天

Borderless

下

天下，在乎正义和你

天
Borderless
下

博观

On

The Laws

论法律

[古罗马]西塞罗　著

钟书峰　译

法律出版社 LAW PRESS · CHINA
北京

图书在版编目(CIP)数据

论法律 / (古罗马) 西塞罗著 ; 钟书峰译. -- 北京: 法律出版社, 2022（2024.11重印）
（博观译丛）
ISBN 978-7-5197-6920-8

Ⅰ. ①论… Ⅱ. ①西… ②钟… Ⅲ. ①法理学 – 研究
Ⅳ. ①D90

中国版本图书馆CIP数据核字（2022）第126584号

论法律
LUN FALÜ

作　　者：［古罗马］西塞罗
译　　者：钟书峰
责任编辑：韩满春
装帧设计：贾丹丹
出版发行：法律出版社
编辑统筹：学术·对外出版分社
责任校对：王晓萍
责任印制：胡晓雅　宋万春
经　　销：新华书店
开　　本：A5
印　　张：7.875
字　　数：154千
版　　本：2022年10月第1版
印　　次：2024年11月第2次印刷
印　　刷：北京中科印刷有限公司
书　　号：ISBN 978-7-5197-6920-8
定　　价：48.00元

销售电话：010-83938349　客服电话：010-83938350　咨询电话：010-63939796
地　　址：北京市丰台区莲花池西里7号(100073)
网　　址：www.lawpress.com.cn
投稿邮箱：info@lawpress.com.cn
举报盗版邮箱：jbwq@lawpress.com.cn
凡购买本社图书，如有印装错误，我社负责退换。电话：010-83938349

作 者 简 介

西塞罗 Marcus Tullius Cicero，公元前 106 年 ~ 公元前 43 年

全名“马尔库斯 · 图利乌斯 · 西塞罗”，古罗马共和国晚期政治家、哲学家、法学家、文学家、翻译家、演说家和著名律师。著有《论共和国》《论法律》《论老年》《论友谊》《论责任》《论演说家》《论神性》等著作。因挫败“喀提林阴谋”荣获“祖国之父”称誉。因瞩目的文学成就和政治法律哲学思想,后世尊称西塞罗为“拉丁文学泰斗”“自然法之父”和“古罗马的柏拉图”。其名著《论法律》系自然法思想的经典著作，从哲学高度阐述法的本质、法的根源、法与正义、法与人性、自然法与人定法的关系等。

译 者 简 介

钟书峰

法学博士,入选国家“双千计划”人才库,曾挂职担任深圳大学法学教授、分管科研与研究生工作的法学院党委副书记，已出版翻译作品三百余万字,代表译著有《论法律》《论法的精神》《社会契约论》《论犯罪与刑罚》《旧制度与大革命》《修行：生命的证悟》等经典名著以及美国《不动产》《美国财产法精解》等专业书籍，在法学核心期刊发表论译文若干。

对 话 人 物

西塞罗：全名“马尔库斯 · 图利乌斯 · 西塞罗”，本书作者。

阿提库斯：全名“提图斯 · 庞波尼乌斯 · 阿提库斯”，本书作者挚友。

昆图斯：全名“昆图斯 · 图利乌斯 · 西塞罗”，本书作者胞弟。

译者序：浅谈西塞罗的成就及其《论法律》的价值

西塞罗，全名为马尔库斯·图利乌斯·西塞罗，是古罗马共和国晚期政治家、哲学家、法学家、文学家、翻译家、演说家和著名律师。

公元前106年1月3日，西塞罗出生于古罗马南部100公里左右的拉丁小镇阿尔皮奴姆。其母亲非常贤惠，善于持家；其父亲，属于比较富裕的骑士阶层，即当时的社会上层。因此，西塞罗从小受到良好教育，有天赋又勤奋，有“天才少年”之称。长大后，他前往罗马研习法律、哲学和修辞演讲。

西塞罗曾短暂到军队服役，欲借此进军政坛，但无所建树，遂退役而选择律师作为职业，希冀为从政铺路。公元前81年，西塞罗代理昆克提乌斯案，发表《为昆克提乌斯辩护辞》，初露峥嵘。次年，西塞罗冒着得罪苏拉的风险，代理罗斯基乌斯案，发表《为罗斯基乌斯辩护辞》，大获成功。之后,西塞罗远赴雅典、亚细亚和罗得岛,拜师学习哲学、修辞、演讲等。公元前 75 年,西塞罗以法定最低年龄当选财务官,赴西西里任职,初入政坛。公元前 70 年,西塞罗代表西西里人民成功控告维勒斯在西西里任总督期间的贪污腐败行为,击败维勒斯聘请的罗马著名律师霍腾修斯,成为罗马第一演说家和辩护律师,得到人们的尊敬和信任,为从政走上最高位奠定了基础。公元前 69 年,西塞罗当选市政官。公元前 66 年,西塞罗以法定最低年龄当选裁判官。公元前 63 年,西塞罗当选执政官,挫败"喀提林阴谋",挽救了摇摇欲坠的共和国,达致从政巅峰。

此后,西塞罗为捍卫共和国和出于自身利益等考虑,先后主动或者被动卷入恺撒、克拉苏、庞培前"三巨头"和安东尼、雷必达、屋大维后"三巨头"的政争之中。因未经审判处死"喀提林阴谋"事件谋反者,在保民官克洛狄乌斯提议下,罗马立法放逐西塞罗。公元前 58 年 3 月,西塞罗主动远走希腊。在元老院取消放逐决议而决定召回后,西塞罗于次年 9 月返回罗马。公元前 53 年,西塞罗当选占卜官。公元前 51—公元前 50 年,西塞罗担任基利基亚总督。在安东尼、雷必达、屋大维后"三巨头"时代,西塞罗被列入不受法律保护的国家公敌名单。公元前 43 年 12 月 7 日,西塞罗惨遭安东尼派出的手下追杀。面对急于领赏的凶手,西塞罗看淡生死,说:"我从来就知道,我不是一个永生不死的人。"

西塞罗说:"没有书籍的屋子,就像没有灵魂的躯体。""我空闲的时候,常常是我最忙的时候。"他在《论法律》中写道:"只要有零星时间,我就不会让它们白白流失……有多少时间,我就写多少东西。"西塞罗是这样说的,也是这样做的。他一生都在读书写作,即使政务繁忙,也忙里偷闲看书写文章。

西塞罗在十五六岁时,就撰写了颇受好评的《马略》长诗。公元前86年,西塞罗还将古希腊学者、诗人阿拉托斯的《天象》长诗译为拉丁文。西塞罗对诗歌就像对历史一样,具有浓厚兴趣和独特理解。他在《论法律》中点明:“历史与诗歌,应遵循不同法则”,“历史追求真实,诗歌追求愉悦”。不过,其诗才不但被后来更有天分的诗人所遮盖,而且被其为人津津乐道的演说才能所遮盖。可以说,西塞罗是靠演说步入政坛的,在步入政坛后也是靠演说打败政敌的。

在翻译方面,西塞罗颇有建树。除翻译过前述阿拉托斯的《天象》外,还翻译过荷马《奥德赛》、柏拉图《蒂迈欧篇》和《普罗塔哥拉斯》以及色诺芬的《经济论》等希腊名作。他的许多原创著作,含有大量他本人译自希腊语的资料。他通过译介希腊哲学著作和研讨哲学词汇译法,传播了希腊哲学思想,为罗马乃至整个欧洲引入了不少哲学词汇,为西方哲学发展作出了重要贡献。例如,欧洲各民族语言中的 quality(特性)、individual(个体)、moral(伦理)、element(要素)、definition(定义)、notion(概念)、infinity(无限)、induction(归纳)等大量常用词汇,就是由他从希腊语译借的。西塞罗主张活译、反对硬译的翻译实践与理论,对后世影响巨大。

西塞罗的文学成就,不但体现在翻译上,而且体现在包括诗歌、演说、散文和书信在内的创作上。西塞罗撰写的各种著作有百余部(篇)、书信800余封,不乏脍炙人口的名著名篇,如《论老年》《论友谊》《论责任》《论演说家》《论神性》等,代表了古罗马文学的最高水平,被后世奉为拉丁文学的典范,其文体被誉为“西塞罗文体”。

西塞罗更突出的贡献,体现在政治法律哲学的研究写作上。在人生最后十年,即公元前54年—公元前43年,因政治上失势,西塞罗主要就演说和国家问题进行思考,抒发政治理想,写下了大部分作品。在写出修辞学著作《论演说家》后,又接连撰写《论共和国》和《论法律》两部著作。《论共和国》《论法律》,都有形式上模仿柏拉图《理想国》《法律篇》的意图与痕迹,集中体现了西塞罗的政治法律哲学思想,系西塞罗最重要的著作。

《论法律》大概是从公元前 52 年开始撰写的,采用对话体,西塞罗本人是主讲人,虚设的参与对话者还有其胞弟昆图斯和挚友阿提库斯。《论法律》可能系未完成稿,传世的共三卷。曾评注《论共和国》《论法律》的古罗马作家马克罗比乌斯在《农神节》(又译《萨图尔努斯节会饮》)中指明,所引用的有关语句系出自"西塞罗《论法律》第五卷"。因此,可以推断《论法律》至少有五卷。有研究者根据《论法律》现存有关文本的内容和逻辑结构推测:《论法律》应该是由六卷本组成的,或者至少计划撰写的是六卷本。有些研究者甚至推测,《论法律》可能有八卷或者计划撰写的是八卷。上述研究者还推测:第四卷是论裁判法,第五卷是论职权法,第六卷是论执法法,第七卷是论家庭教育法,第八卷是论市民法。

《论法律》可以看作《论共和国》的续篇,实际上就是阐述在《论共和国》中已论证的完美共和国应有的法律,总结了古罗马建城以来的治国实践,融合了柏拉图、亚里士多德和斯多葛学派的政治法律哲学思想。第一卷共 24 章 63 节,谈法之本质,即从哲学高度论自然法。第二卷共 27 章 69 节,论宗教法,实质上是借论宗教法进一步阐明自然法,如法与神明的关系、法与传统的关系、法与人性的关系、自然法与人定法的关系等。第三卷共 20 章 48 节,论官职法,实质上是阐述自然法在官职法上的体现,或者说是阐述自然法对官职法的要求。总之,《论法律》主要阐述了如下政治法律哲学思想:

第一,自然法思想。西塞罗阐述说:"法,是根植于自然的最高理性,即允许做应做的,反之则禁做;法,就是稳固确立于人之内心的这种理性。”“法,源于正义,是自然之力,是理智与理性,是正义与否的标准。”“我们为正义而生,正义之根不是信仰而是自然。”“被大自然赋予理性之人,被赋予的是正确理性,因此,就被赋予了法律,即命令和禁止做什么的正确理性。赋予法律,就是赋予正义。”西塞罗借此阐述法之宗旨:“人类之法,就是在自然本性的指导下,惩罚恶者,保护善者。”西塞罗继而推论恶法非法:“世上最愚蠢的就是认为,只要得到人民大会或者立法批准的,就是公正的。”“要是公正是由人民投票、君主谕令或者法官判决确立的,那么,支持抢劫、通奸或者伪造遗嘱的法律,也会得到确立。要是愚蠢的人们可以通过投票推翻自然法,难道他们不会颁布法令,把邪恶的、有害的规定为美好的、有益的?要是法律能把不公正的说成公正的,难道它不能把恶规定为善?”西塞罗据此得出结论说:“区分善与恶的唯一标准,就是自然法。”“创设法律,就是为了公民的福祉、国家的安全和人类的安宁与幸福……那些首先颁布这类法律的人们,向人民宣称,他们将把让人民生活变得荣耀和幸福的东西予以明文立法并付诸实施;这样制定颁布的东西,他们称为法律。由此可知,如果违背所作承诺,制定颁布的对人民有害的、不公的任何规定,就根本不是什么法律。”“这种有害于国家的决定,即使得到人民的通过,也不能称为法律。”

第二,国家治理权思想。西塞罗阐述:“没有什么比治理更为符合正义和自然……没有治理,就不可能存在家庭、城市、国家或者整个人类,也不可能存在自然界或者宇宙本身,因为宇宙服从神明,大地和海洋服从宇宙,人类生活服从最高之法的命令。”他认为,统治权古已有之:“一切古代民族都曾由国王统治。这种统治权,最初赋予了无比正义、睿智之人……后来,这种权力由其后人代代相传……即使那些不愿意接受国王统治的人民,也并非不愿意服从任何人,而只是不愿意永远服从同一个人。”他强调:“官员权力的分配决定了国家的治理。不仅应对官员的治理作出规定,而且应对公民的服从作出规定。”要“通过配置均衡的法定权力,建立和谐而温和的国家政体”。他阐明建立、行使国家治理权的宗旨:“人民的安全福祉就是最高法律。”

第三,法治思想。西塞罗指出要依法行使治理权:“权力,应是合法的。”“官员的职责,就是依法、正确、有效地实施治理。犹如法律指导官员一样,官员也这样指导人民。官员是会说话的法律,法律是不说话的官员。”“遇到不属于官员职权的事项,应由人民推举官员实施管理并赋予其权力。”

第四,分权制衡思想。西塞罗明确主张权力分设和制衡监督:除设立最高长官执政官外,应设立裁判官、保民官、监察官等官职并赋予相应权力,从而形成权力制衡监督的局面。西塞罗阐述:由元老组成元老院;元老院的决议,可以由同等权力或者更高权力否决。这种更高权力,就是指人民或者人民大会。西塞罗深知,每一种权力都有其缺陷也有其优点。例如,对于保民官职位,假借昆图斯之口列数其罪恶后,他以对话人身份分析说:“无论批评什么,无视其长处,只指出其短处,只挑剔其缺陷,是不公平的。要是专挑毛病,甚至可以把执政官贬得一无是处……保民官确有恶的一面,但是,无恶无以求善。”他也深知,分权制衡是一种妥协的艺术。对于借昆图斯之口提及的不满盟友庞培恢复保民官职位的做法,他以对话人身份解释说:庞培要考虑的,“不仅是理想之选,更主要是现实之选。他显然认为,这种权力是我们国家不得不恢复的……睿智的公民,是不会采取危险方式,把无害而深受民众欢迎乃至难以舍弃的东西,予以抛弃的”。

西塞罗粉碎"喀提林阴谋"后,荣获"祖国之父"称号。曾为西塞罗政治对手的恺撒说:西塞罗的功绩"高于伟大的军事将领",因为"开拓人类知识的领域比开拓罗马帝国的疆土,更为伟大"。默许安东尼追杀西塞罗的后来拥有"奥古斯都"称号的屋大维评价,西塞罗是"富有学识的人、语言大师和爱国者"。

随着古罗马不可避免地滑向帝制,西塞罗的影响逐渐减弱,在中世纪时期坠入谷底。但是,即使在中世纪,基督教著作家们仍然从西塞罗的神学和伦理思想观念中寻找基督教信仰的依据。在这个时期,西塞罗成为世俗的古代和宗教信仰时代的中世纪之间的联系纽带。

文艺复兴时代,西塞罗的人文思想得到重新振兴。14 世纪,"文艺复兴之父"彼特拉克重新发现了西塞罗的书信,由此开始了文艺复兴学者对西塞罗的重新研究。因此,有不少学者认为文艺复兴本质上是对西塞罗的复兴,那时的人文主义者仰视其为学习的榜样和不可超越的典范。在欧洲启蒙时代,西塞罗的影响达至顶峰,受其政治法律哲学思想影响的人物包括洛克、休谟、伏尔泰、孟德斯鸠和卢梭等。

如果说,作为人文主义者的西塞罗深深影响了文艺复兴时期和启蒙时代,那么,作为共和派人物的西塞罗则鼓舞了法国大革命的革命者,甚至激励了远在北美的美国独立战争的开国元勋。例如,亚当斯、杰斐逊、汉密尔顿等人就经常在著述中引用西塞罗的作品。亚当斯评价:"世界上所有的时代都没有产生一位比西塞罗更伟大的政治家和哲学家,他的权威性应是最有分量的。"在法国大革命时期,作为演说家和共和主义者的西塞罗特别受到推崇,从米拉波到吉伦特派直至罗伯斯庇尔等都将西塞罗视为英雄。时至今日,西塞罗《论老年》《论友谊》《论责任》《论神性》《论演说家》

《论共和国》《论法律》等著作所阐发的思想，仍然是人文主义思想的最初源头之一。

所以，后世尊称西塞罗为“拉丁文泰斗”“自然法之父”“古罗马的柏拉图”等。

诚然，正如一切伟人一样，西塞罗也存在这样那样的问题，但是，这丝毫无损其伟人品质；正如一切名著一样，《论法律》也存在这样那样的局限，但是，这丝毫无损其极其珍贵的自然法思想文献资料的地位。

公元前4世纪成书的《左传》曰：“太上有立德，其次有立功，其次有立言。虽久不废，此之谓三不朽。”何为立德、立功、立言？唐朝孔颖达曰：“立德谓创制垂法，博施济众；立功，谓拯厄除难，功济于时；立言，谓言得其要，理足可传。”综上所述，西塞罗可谓是立德、立功、立言“三不朽”之人。

正是出于对西塞罗的敬仰，我接受法律出版社的委托，学习西塞罗，利用闲暇时间，翻译了写作技巧娴熟、语言简洁优美、思想惠泽后世的《论法律》[1]。借此机会，恳请诸位大家，像西塞罗忙里偷闲著书立说那样，抽空斧正拙译，诚挚谢意！

钟书峰

2022年3月20日晚上

草于深圳红花山下

---

〔1〕 拙译《论法律》中的“卷”“章”“节”中文标题，系译者所加；原著置于正文中的“章”“节”序号，拙译抽出单列；少许章节的划分，拙译略有小幅调整，恕不一一说明。以上情形，敬请读者明鉴。——译注

目录

第一卷

论自然法

第一章　马略橡树的寓意

第一节　长生不老的马略橡树

阿提库斯[1]:阿尔皮奴姆[2]圣林的那棵橡树,我当然知道,在《马略[3]》[4]长诗中我经常

---

〔1〕 提图斯·庞波尼乌斯·阿提库斯(公元前110年?—公元前32年),大学者、大藏书家、大出版家、大银行家,富有的罗马骑士,信奉伊壁鸠鲁学派,长期客居希腊阿提卡地区的雅典,故有意为"阿提卡人"的"阿提库斯"别称,本书作者西塞罗的挚友。公元前90年,西塞罗在罗马跟随斯凯沃拉学习法律时,结识了同样跟随斯凯沃拉学习法律的阿提库斯,此后就成为终生挚友。也有一说认为,公元前79年,西塞罗前往希腊逗留半年期间,才结识阿提库斯。阿提库斯创办的抄本出版社影响很大,西塞罗诸多著作由阿提库斯出版。——译注

〔2〕 阿尔皮奴姆,又译"阿尔皮诺""阿尔皮努姆",西塞罗家乡,古代意大利拉丁地区南部小镇,今属意大利圣阿尔皮诺镇。——译注

〔3〕 盖乌斯·马略(公元前157年—公元前86年),古罗马军队统帅,生于阿尔皮奴姆,西塞罗同乡,唯一七次当选罗马执政官之人。公元前119年当选保民官,公元前107年首次当选执政官。公元前86年1月13日在执政官任内病逝,是年西塞罗20岁。——译注

〔4〕《马略》,系西塞罗十五六岁时撰写的赞颂马略的长诗,已失传。此处提及的橡树,有"马略橡树"之谓,饱经沧桑,暗示许多事物的记忆留存比自然存在更为久远,也寓意所阐述的自然法永恒不灭。作者希望借此表达对历经时间淘洗留存之思想、文化的珍惜和传承。——译注

读到。那橡树，要是还在，肯定就是它，当然，一定够古老啦。

昆图斯[5]：亲爱的阿提库斯，那橡树，确实还在，永远都会在那里，毕竟是由天才诗人想象种植的嘛。任何农夫种植的树木，都不可能像诗歌种植的树木那样长长久久。

阿提库斯：昆图斯，到底是怎么种的？诗人究竟种的是什么？我觉得啊，你是借称赞兄长来标榜自己。

昆图斯：就算是吧。无论如何，只要人们还使用拉丁语，"马略橡树"就永远在那里，正如斯凯沃拉[6]在我兄长的《马略》长诗中所说："它，长生不老，世代永存。"

第二节　永远屹立的马略橡树

昆图斯：请想想吧：你敬仰的雅典卫城上的那棵橄榄树[7]，永远在那里生生不息。《荷马史诗》中的奥德修斯[8]在德洛斯岛见

---

[5] 昆图斯·图利乌斯·西塞罗（公元前102年？—公元前43年），本书作者西塞罗的胞弟、阿提库斯的妹夫，作家。公元前66年当选市政官，公元前62年当选司法保民官，公元前61年至公元前59年担任亚细亚行省总督，高卢战争期间在恺撒部下任副将。——译注

[6] 昆图斯·穆西乌斯·斯凯沃拉（约公元前140年—公元前89年），公元前95年任罗马执政官，西塞罗的法学老师，古罗马共和时期政治家、法学家，著有《市民法》等法学理论著作。——译注

[7] 据说，雅典卫城上的橄榄树，是希腊第一棵橄榄树。据传，雅典建成时，波塞冬与雅典娜都想用自己的名字命名这座城市，争得不可开交。宙斯提出，由他们各自提供一件东西，让人们选择，被选中者取得城市命名权并成为其守护神。波塞冬用三叉戟敲打岩石变出一匹战马。雅典娜用长矛变出了一棵橄榄树。雅典人认为，橄榄树象征和平与富裕，战马代表战争与悲伤，因此，选择了橄榄树。从此，这座城市叫作雅典，雅典娜是它永远的守护神。——译注

[8] 奥德修斯，又译"俄底修斯"，古希腊神话英雄，《荷马史诗》之二《奥德赛》主角，古罗马人称为"尤利西斯"。据传，系古希腊西部伊塔卡岛国王，曾参加特洛伊战争。战争结束后，历经艰辛返回故乡，与妻儿团聚。——译注

过的那棵棕榈树[9],至今仍然挺拔地长在那里。许多东西,记忆留存都比自然存在更为久远。因此,可以认定,就是从这棵“硕果累累的橡树”,飞出了“极其好看的金黄色的朱庇特信使”[10]。即使历经风雨摧残或者时光侵蚀,在这个地方,仍然屹立着那棵称为“马略橡树”的树木。

第三节　诗歌种植的马略橡树

阿提库斯:对这点,我当然深信不疑。昆图斯,接下来,我要问的,不是你,而是诗人本人:是你的诗歌种植了这棵橡树,还是你记述你所知道的马略事迹?

西塞罗:阿提库斯,好的,这个问题,我愿意回答,不过,请先回答我的问题:是不是罗慕路斯[11]去世后,在离你住宅不远的地方徘徊,告知普罗库鲁斯·尤利乌斯他是神,吩咐称他为“奎里努斯”,要求在那里为他建造庙宇?[12] 或者是不是在雅典,就在离你

---

[9] 德洛斯,又译“提洛斯”“得洛斯”等,“光明灿烂”之意,希腊爱琴海上小岛,据说是太阳神阿波罗出生地。《奥德赛》有如下诗句:“在德洛斯岛的阿波罗祭坛旁/有一棵嫩绿的棕榈树/那次我率领诸多将士前往/遭受众多苦难/但一见到那棵棕榈树/我就惊呆了/没想到大地上还有如此俏丽的树木!”——译注

[10] 引号中的诗句,出自西塞罗《马略》长诗。“信使”指雄鹰,罗马人认为雄鹰是朱庇特之鸟。《马略》诗集记载:看到从橡树窜出与蛇搏斗后东飞的雄鹰,马略视为吉兆。马略改革军队时,把鹰当作军队标志。此后,鹰就成为罗马象征。——译注

[11] 罗慕路斯(约公元前 771 年—约公元前 716 年),公元前 753 年建立罗马,担任第一任国王(公元前 753 年—公元前 716 年)。——译注

[12] 普罗库鲁斯·尤利乌斯(公元前 8 世纪),古罗马早期元老之一。据传,有一天罗慕路斯检阅军队时,突然狂风大作,雷暴不止,伸手不见五指,罗慕路斯随即离奇消失不见。普罗库鲁斯·尤利乌斯随后宣称:罗慕路斯已羽化升天,成为罗马战神、守护神“奎里努斯”,嘱咐为其建造庙宇。——译注

以前的住宅不远的地方,北风神劫走了奥莉提娅?[13] 要知道,是有这些传说的。

第四节 真实还是虚构的马略橡树

阿提库斯:什么意思啊?为什么这样问?

西塞罗:没什么意思,只是想告诉你,对于传说,不要较真。

阿提库斯:不过,对《马略》中记载的许多事情,人们很好奇:是真实的,还是虚构的?毕竟那是不久以前发生的,而且涉及的人又是在阿尔皮奴姆出生的,因此,人们想从你这里知道真相。

西塞罗:我当然不希望人们把我视为杜撰者。不过,亲爱的阿提库斯,你提到的那些人实在是无知。他们是想让我作为证人,而不是作为诗人,去证实那些事情。不过,我相信,这些人会认为,努马与埃吉丽娅交谈过[14],老鹰给塔克文戴上过祭司帽[15]。

---

[13] 北风神,希腊神话人物玻瑞阿斯,又译"伯雷"。玻瑞阿斯爱上雅典国王厄瑞克透斯的女儿奥莉提娅(又译"俄瑞提亚"),但遭到国王反对。玻瑞阿斯趁着奥莉提娅在河边同女伴们游戏之际,刮起北风将其掠走。为了向雅典人示好,玻瑞阿斯在色萨利欧玻亚岛摧毁了波斯国王薛西斯的舰队。作为回报,雅典人在伊利索斯河畔为其修建了祭坛。——译注

[14] 努马·庞皮留斯(公元前753年—公元前673年),罗马王政时期第二任国王(公元前716年—公元前673年),系曾与罗慕路斯共同执政的萨宾国王提图斯的女婿。相传,努马接任国王后,在治国理政方面,经常咨询女神埃吉丽娅(又译"厄革里亚""厄格里亚""埃格里亚""埃吉丽亚"等,又称"宁芙女神细叶"等)的意见。——译注

[15] 卢修斯·塔克文·普里斯库斯(?—公元前579年),也称"老塔克文""塔克文一世",罗马王政时期第五位国王(公元前616年—公元前579年)。相传,塔克文和妻子塔娜奎尔从塔克文尼出发移民罗马途中,有只老鹰叼走塔克文的帽子,旋即又戴回其头上。其妻认为,这是她丈夫即将发达的迹象。后来,塔克文获得罗马王政时期第四任国王安库斯·马尔西乌斯的信任并被委以重任。——译注

第五节　历史与诗歌遵循不同法则

昆图斯：我明白，兄长是认为，历史与诗歌，应遵循不同法则。

西塞罗：昆图斯，当然如此，历史追求真实，诗歌追求愉悦。即便如此，在历史之父希罗多德[16]的著作中，在狄奥庞普斯[17]的著作中，也有许多传说。

---

〔16〕　希罗多德（公元前484年？—公元前425年），古希腊历史学家、作家，撰有收集了诸多传说的《历史》即《希腊波斯战争史》一书。其“历史之父”称誉源自西塞罗。——译注

〔17〕　狄奥庞普斯（约公元前380年—？），又译“特奥旁普斯”“特奥蓬波斯”“泰奥彭波斯”等，别称“希俄斯岛的狄奥庞普斯”，以别于斯巴达统治者狄奥庞普斯。古希腊历史学家，撰有12卷本《希腊史》、58卷本《腓力史》等。——译注

第二章　众望所归的使命

第六节　众望所归

阿提库斯：现在，我有了一直期待的机会，绝不能错失。

西塞罗：阿提库斯，什么机会？

阿提库斯：人们早就希望你，确切而言，是要求你，撰写史书。他们觉得，由你撰写史书，在这方面，我们就可以媲美希腊人。要我说啊，由你撰写史书，不但可以满足人们阅读你大作的乐趣，而且是你对祖国应尽的责任，可以让你曾拯救的祖国[1]再次因你而荣耀。就我所知，而且我也经常听到你这样说：我们的文学中没有历史。你完全可以胜任这项工作，而且就如你所说，这项工作尤其适合演说家来完成[2]。因此，

〔1〕 指公元前63年担任执政官的西塞罗挫败“喀提林阴谋”事件，西塞罗因此荣获“祖国之父”称誉。——译注

〔2〕 参见西塞罗：《论演说家》。——译注

我们恳请你从事这项工作,挤出时间撰写我们至今一无所知或者没有关注的历史。

看看那些大祭司的编年史,真是无比枯燥;再看看此后的法比乌斯[3],你常常提到的加图[4]、皮索[5]、法尼乌斯[6]或者维诺尼乌斯[7]等的著述,也许他们中某个人的记述偶尔略有生气,但是,又有哪个人的记述不是枯燥乏味呢?与法尼乌斯同时代的科利乌斯·安提帕特[8]的记述,尽管也粗糙无趣、平淡无味,却略为生动一些,也许可以提醒其他人要多用心写作。可是,后来的克劳狄乌斯[9]和阿塞利奥[10]的记述风格,与安提帕特毫无相同之处,而像早期作家一样粗糙平淡。

---

〔3〕 法比乌斯·皮克托(约公元前260年—约公元前190年),可能系最早的罗马编年史作家,其著作《编年史》用希腊文记载了埃涅阿斯至第一、二次布匿战争时期的古罗马历史。——译注

〔4〕 指老加图(公元前234年—公元前149年),即马尔库斯·波尔基乌斯·加图,又称"监察官加图",公元前195年当选执政官,公元前184年当选监察官,系罗马历史上第一个重要的拉丁语散文作家。历史著作《创始记》,记述罗马自建城以来至第二次布匿战争结束的历史,也包括意大利其他城邦和部落的历史以及其所在时代的大事。——译注

〔5〕 卢修斯·卡尔普尔尼乌斯·皮索·弗鲁吉,公元前133年当选执政官,古罗马编年史作家,撰写了自罗马建城至其生活时代的历史。——译注

〔6〕 盖乌斯·法尼乌斯(生卒不详),斯多葛学派中期代表人物帕奈提奥斯的学生,公元前130年当选罗马保民官,公元前126年当选罗马裁判官,公元前122年当选罗马执政官。——译注

〔7〕 维诺尼乌斯(生卒不详),古罗马历史学家。——译注

〔8〕 科利乌斯·安提帕特(公元前2世纪),罗马编年史作家,撰有第二次布匿战争史。——译注

〔9〕 克劳狄乌斯(公元前1世纪早期),似指昆图斯·克劳狄乌斯·夸德里格里乌斯,古罗马历史学家。——译注

〔10〕 普布利乌斯·森普尼乌斯·阿塞利奥(约公元前158年—公元前91年),古罗马历史学家。——译注

第七节　非你莫属

阿提库斯：为什么我想说说马克鲁斯[11]呢？他冗长的叙述透着些许机敏。但是，这种机敏，不是源自博学善辩的希腊人，而是源自可怜的拉丁文抄录者。他的文字中充斥着荒谬的内容，甚至荒谬至极的内容。他的朋友西塞纳[12]的记述，轻而易举地超越了迄今为止的所有罗马史作家的作品，但那些尚未发表的除外，因为我们无法对它们作出评价。即便如此，人们也从未认为，他是可以与你比肩的演说家。此外，他的历史记述，很幼稚。可以看出，在希腊历史作家中，他似乎只读过克里塔尔库斯[13]的作品，一心模仿他。即使模仿了克氏，但距文笔优美还是有相当距离。

因此，承担这一使命，就非你莫属，是众望所归，除非昆图斯有异议。

---

〔11〕 即盖乌斯·利基尼乌斯·马克鲁斯（？—公元前66年），公元前73年担任保民官，公元前68年担任裁判官，罗马编年史作家。——译注

〔12〕 西塞纳（约公元前120年—公元前67年），又译“锡塞纳”，公元前78年担任裁判官，撰写过至苏拉去世为止的罗马内战史。——译注

〔13〕 克里塔尔库斯（约公元前4世纪），希腊历史学家，曾随亚历山大东征，撰有文笔优美的《亚历山大史》。——译注

第三章　撰写史书的时机

第八节　等待有闲暇时

昆图斯:我完全没有异议。这个问题,我们经常探讨,不过,略有分歧。

阿提库斯:什么分歧?

昆图斯:就是该从什么年代写起。我认为,应从远古时代写起,因为已有记述不堪卒读。他认为,应记述包括自身经历在内的当代历史。

阿提库斯:我更同意他的意见,因为这个时代发生的重大事件,我们记忆犹新。他可以颂扬好朋友格涅乌斯·庞培〔1〕的丰功伟绩,可以记述他任执政官时期的光辉事迹〔2〕。我更希望他

---

〔1〕　格涅乌斯·庞培(公元前106年—公元前48年),又译"格奈乌斯·庞贝",古罗马共和国末期著名军事家和政治家。在庞培、恺撒、克拉苏"三巨头"同盟之间发生矛盾时,西塞罗是庞培的有力支持者。公元前57年,在庞培力推下,元老院通过决议,召回此前被放逐的西塞罗。——译注

〔2〕　指西塞罗公元前63年担任执政官挫败"喀提林阴谋"而荣获"祖国之父"称誉之事。——译注

记述这些历史,而不是有关罗慕路斯与雷慕斯[3]的传说等。

西塞罗:阿提库斯,我知道人们早就希望我从事这项工作。只要有闲暇或者有可以自由支配的时间,我就不会拒绝的。要知道,时间挤得满满的或者忙于其他事务时,是不可能承担如此重要工作的。从事写作,必须摆脱琐事烦扰和政务羁绊。

第九节　撰写时不能分心

阿提库斯:那你的那些著作,是怎么写的?要知道,你的著作,比我们任何人都多。撰写那些著作时,你有什么样的空闲时间?

西塞罗:是这样的,只要有零星时间,我就不会让它们白白流失。例如,有空到乡下过几天,有多少时间,我就写多少东西。可是,撰写历史,不可能短时间完成,必须事先安排好空闲时间才能进行。着手撰写后,要是不得不分心其他事情,思路就会被打断。对我而言,思路一旦中断,要重新恢复创作,就比一鼓作气完成某项工作,更为困难。

第十节　希望利用暮年时光

阿提库斯:你的话无疑表明,你需要"自由出使"[4]机会或者某种类似的自由自在闲暇时间,以摆脱政务羁绊。

---

〔3〕　雷慕斯,又译"勒慕斯""瑞慕斯"等,传说系罗慕路斯的孪生弟弟。他们出生后,由母狼乳汁喂养。后两兄弟发生争吵,罗慕路斯杀死雷慕斯。——译注

〔4〕　自由出使,指古罗马元老使用公费自由出行办理私事的待遇。西塞罗明确反对这种待遇,参见本书第三卷第三章第七节和第八章。——译注

西塞罗:我更希望利用暮年时光,特别愿意遵循祖辈传统,发挥余热,担任顾问,回答咨询,履行老年人的光荣义务。到那时,我可以如愿从事你希望我做的工作以及许多其他更重要、更有意义的工作。

第四章 研究法律的期许

第十一节 难以抽身

阿提库斯：你这种说法，恐怕没有人会接受。你一有时间，就会到处演说。自从你改变演说风格后，更是如此。正如你的朋友罗斯基乌斯[1]年长后，唱歌风格较为柔和，甚至让伴奏的笛声都变得缓和，你也日复一日削减了往昔的演讲激情。如今，你的演讲，变得与哲学家的平和议论并无多大区别。这种演讲风格，即使耄耋之人也能把控，因此，我觉得，你很难从法庭辩论中抽身出来。

---

〔1〕 公元前80年，罗斯基乌斯为保护家产，与独裁者苏拉宠信克里索古努斯发生矛盾，被控谋杀。当时，所有律师都惧怕触怒苏拉而不敢接手此案。初出茅庐的西塞罗，没有畏惧原告后台，毅然接受委托，出庭为罗斯基乌斯辩护，大获成功，从此声名鹊起。——译注

第十二节　人民的期许

昆图斯:兄长,我倒认为,人民也许赞同你投身法律问题的研究。要是你认为合适,我觉得你不妨一试。

西塞罗:昆图斯,要是没有风险的话,我愿意试试。我担心,我原本要减轻工作量,反而会增加工作量,因为除不精心准备我就不做的诉讼外,还得从事阐释法律的工作。阐释法律,主要不在于增加负担,而在于让我无暇认真准备法庭辩论。未经认真准备,我从不敢出庭处理任何略为重要的案件。

第十三节　愿意谈谈法律

阿提库斯:为什么不利用你说的零星时间阐释法律问题,对市民法作出比其他人更为精准的解释?我知道,你年轻时就研习法学。那时,我也常常请教斯凯沃拉。我感觉,你潜心研习演说时,并未忽视研习法律啊。

西塞罗:阿提库斯,你是要我发表长篇大论啊。好吧,要是昆图斯没有其他想法,我就谈谈这个问题。况且我们目前有空,现在就谈吧。

昆图斯:我很乐意听。除此之外,有什么让我更愿意去做的?有什么能让我更好度过这一天?

第十四节 国之大法更为重要

西塞罗:那我们就到经常逗留的地方吧。在那里,走累了,就可以休息一下。这样逐一探讨问题,会有无穷乐趣。

阿提库斯:好啊,要是大家乐意,就到利里斯河畔[2]树荫下走走吧。不过,请现在就开始谈谈你对市民法的看法。

西塞罗:我的看法?我认为,我们国家已有杰出人士,把为人民解释市民法和回答相关问题视为己任。这些人对重要问题是有解释,但却纠缠于细枝末节。有什么比国之大法更为重要?又有什么比那些释法者所做的工作更为琐碎?当然,这些也是人民所需要的。我并非认为那些释法者不了解普遍规律,但是,他们研究的所谓市民法,仅以他们以为对人民有益的为限。就实用而言,确实需要如此,但是,就研究而言,显然是肤浅的。那么,你们要我做什么?你们想怂恿我做什么?要我撰写有关檐水权和隔墙权法律问题的小册子?要我撰述合约规则或者审判程序问题?这些问题,早已有许多人详细撰述,而且在我看来,他们的研究,比你们希望我研究的更为细致。

〔2〕 利里斯河,古意大利河流,今利里河,意大利中部河流,流经西塞罗出生地阿尔皮奴姆的住宅旁,注入第勒尼安海。——译注

第五章 研究法律的视角

第十五节 向柏拉图学习

阿提库斯：要是你问我希望你研究什么，我的回答是：既然你曾撰述国家的最佳政体形式[1]，请你继续从事这方面的法律研究，就是顺理成章的。我知道，你所爱戴的、极其钦佩的、最敬仰的柏拉图[2]，就做过这方面的研究。

西塞罗：就是说，你们希望，就像柏拉图，也如柏拉图自己描述的，在夏日里，与克里特人克莱尼阿斯和斯巴达人墨吉鲁斯[3]一起，经常在克诺索斯[4]柏树林中和林荫道上逗留休憩，探

---

〔1〕 详见西塞罗：《论共和国》。——译注

〔2〕 柏拉图（公元前427年—公元前347年），古希腊伟大哲学家，与老师苏格拉底、学生亚里士多德并称"古希腊三贤"，著有《理想国》《法律篇》等。——译注

〔3〕 克莱尼阿斯和墨吉鲁斯，均是柏拉图《法律篇》中的对话人物。——译注

〔4〕 克诺索斯，传说中的古希腊克里特岛上的米诺斯王国王宫所在地。——译注

讨城邦制度和理想法律那样，我们也在这些挺拔的白杨树下的绿茵河畔漫步休憩，对同样的法律问题，进行比法庭上更为深入的探讨？

第十六节　从大自然中寻找法的源泉

阿提库斯：对，这正是我想听的。

西塞罗：昆图斯，你意下如何？

昆图斯：这最好不过。

西塞罗：大家都很明智啊，大家应该都懂得，任何讨论都不可能如此清晰地揭示：大自然赋予了人类什么恩惠？人类心智蕴含何其巨大的创造美好事物的能力？人类出生到世上究竟追求和实现什么？是什么促使人类联系？人类之间存在什么自然约束力？一旦阐述清楚这些问题，就可以发现法与正义的源泉。

第十七节　从哲学深处汲取法的原理

阿提库斯：那你是不是认为，不应像当前通行做法那样从法官判决中，或者不应像先辈那样从《十二铜表法》[5]中，而应从哲学深处，去汲取法的原理？

西塞罗：阿提库斯，我们这次讨论的，不是用法律保护我们自

〔5〕《十二铜表法》，又称《十二表法》，是最早的罗马成文法文献。公元前五世纪，罗马法还是习惯法，其解释权操控在贵族法官之手。平民要求制定成文法，经过长期斗争，于公元前449年制定公布第一个成文法。这个成文法，铸刻在青铜上，故称作《十二铜表法》。——译注

己,也不是解答法律咨询问题。这些工作,也许很重要,而且确实很重要,从前有许多著名人士都从事过,当今就有一位拥有巨大威望和丰富知识的人士[6]在从事。但是,我们现在探讨的,是普遍正义与法律的整体问题,因此,大家所称的“市民法”将限制在小小的范围内进行讨论。我们应当解释的,是法的本质问题,而这应从人之本性去探寻。我们应当考察的,是各国借以实施治理之法。而后,我们才应当研究各国制定的法律、法令等,到这时,我们才会研究一下所谓的“市民法”。

---

〔6〕 指塞尔维乌斯 · 苏尔皮西乌斯 · 鲁弗斯(约公元前106年—公元前43年),公元前51年担任罗马执政官。古罗马法学家,创立塞尔维乌斯学派,对罗马法技术影响巨大。曾与西塞罗、阿提库斯一起向斯凯沃拉学习法学。西塞罗的朋友与政治对手。西塞罗认为,他是少数几个法学成就超越自己的学者。——译注

第六章　研究法律的起点

第十八节　法之概念

昆图斯:兄长,你已深入研究的,正是我们要探寻的根源。那些不是这样讲授市民法之人讲授的,与其说是正义路径,不如说是诉讼方法。

西塞罗:并非如此,昆图斯。事实上,诉讼,源自对法的无知而非对法的了解。关于这点,以后再说。现在,让我们考察法之根源。

智者[1]认为,应从法的概念谈起,这也许是对的。他们认为,法,是根植于自然的最高理性,即允许做应做的,反之则禁做;法,就是稳固确立于人之内心的这种理性。他们进而认为,法,就是智慧,就是要求做正确的,反之则禁做。他们认为,在希腊文中,法,源自"分配"一词,而我认

---

〔1〕 指斯多葛学派哲学家。该学派认为,世界理性决定事物发展变化;"世界理性",就是神性,是世界的主宰,个人只不过是神的整体中的一分子。西塞罗信奉斯多葛学派。——译注

为,在拉丁文中,法,源自"选择"一词。因此,希腊人认为,法的本质是公平,而我们认为,法的本质是选择。在我看来,两者皆为法的性质,两者皆有道理。

第十九节 法之本质

西塞罗:因此,法,源于正义,是自然之力,是理智与理性,是正义与否的标准。不过,谈论法,离不开大众观念,有时必须按照大众观念谈论法的问题,像大众那样,把那些命令或者禁止什么的成文规定称为法律。但是,探讨法的本质时,应从最高之法谈起。这种最高之法,在成文法[2]诞生之前,或者说在国家形成之前,就早已存在,并永世长存。

第二十节 法之根源

昆图斯:我们的谈话,从这点说起,确实更为合适、更为可取。

西塞罗:那我们是不是就从源头追寻法的源泉?搞清楚这点后,毫无疑问就可以对我们正在探讨的问题作出判断。

昆图斯:我认为,就应这么做。

阿提库斯:我赞同你兄弟的意见。

西塞罗:好啊。既然应坚持和维护在六卷本《论共和国》中西

〔2〕 即人定法,又称"实在法"等。——译注

庇阿[3]论述的最佳政体[4]形式,既然一切法律应适应这种政体形式,既然应培养道德风俗,既然不应一切都由成文法加以规定,那么,我将在大自然之中探寻法的根源,遵循大自然之引,展开对话。

阿提库斯:好极了！遵循大自然之引,就不会迷失方向。

---

〔3〕 指小西庇阿(公元前185年或公元前184年—公元前129年),全名"普布利乌斯·科尔内利乌斯·西庇阿·埃米利安努斯",又称"斯奇比奥""斯基皮奥"等,罗马共和国军事将领,两次担任执政官。系曾任执政官和监察官、在第三次马其顿战争中击败马其顿国王珀尔修斯的英雄卢修斯·埃米利乌斯·保卢斯·马其顿尼库斯之子。后过继给大西庇阿之子普布利乌斯·科尔内利乌斯·西庇阿。他率军攻陷迦太基城,结束罗马与迦太基的百年争霸,故又称"阿非利加努斯"。——译注

〔4〕 即融合了君主政体、贵族政体和民主政体的优势又克服了这三种政体缺陷的共和政体。——译注

第七章　人与神的理性

第二十一节　神的理性

西塞罗：我认为，统治整个大自然的，是不朽之神的力量，或者本性、理性、权力、智慧，或者意志，或者其他什么可以更好表示我的这种意思的词语。对这一观点，昆图斯的看法，我是知道的，阿提库斯，不知你是否赞同？如果不赞同，我就得从头说起。

阿提库斯：你希望我赞同的话，我当然赞同啊，因为周围叽叽喳喳的鸟叫声和潺潺汩汩的水流声，让我不担心同门学派中有谁会听到我的话。[1]

---

〔1〕 阿提库斯信奉伊壁鸠鲁学派。该学派由古希腊唯物主义者和无神论哲学家伊壁鸠鲁（公元前341年—公元前270年）所创立，宣扬人死魂灭，提倡寻求幸福快乐，但并非肉欲物质之乐，而是排除情感困扰后的心灵宁静之乐，即“神不足惧、死不必忧、良善可得、逆来顺受”。伊壁鸠鲁的社会契约说，是近代社会契约论的直接先驱；他的伦理思想，对边沁、密尔等提出功利主义思想具有重要影响。——译注

西塞罗：你还是小心为妙。他们要是听到你的话，一定会非常生气，一切高尚之人皆如此。要是得知你背叛伟人著作[2]“不朽者，无忧无虑，不为己忧，不为他虑”的开篇之语，他们一定不会容忍。

第二十二节　人的理性

阿提库斯：继续，请继续。我想知道，我所赞同观点的相关内容。

西塞罗：不急嘛。这意味着，我们称之为人的动物，具有预见能力、感觉敏锐、复杂多变、善于观察、具有记忆能力、富有理性和充满智慧，在创造之时，就由至高之神赋予至崇之位。在如此众多的生物之中，唯有人这种动物，拥有理性与思维。除在人身上外，在天地间，还有什么比理性更为神圣？理性，达至成熟与完美之境时，就应称为智慧。

第二十三节　人与神皆有理性

西塞罗：理性，是至圣之物，人与神皆有，因此，是人与神之间的第一共有物。人与神，既然共有理性，就会共有正确的理性。这种理性，就是法。因此，可以认为，就是法，把人与神紧密联系在一起。还可以进一步认为，拥有共同之法，也就拥有共同之正义；拥

---

〔2〕 指伊壁鸠鲁的著作。——译注

有共同之法与正义者，就是同一社会之人，倘若还服从同一权力和命令，就更会是同一社会之人。既然人们服从这一神圣秩序、神圣意志和全能之神，那么，整个宇宙就应是人与神的共同社会。

诚如在社会之中，个体地位是依据家族血缘关系确定的一样——关于这一点，我将在适当章节予以阐述——在更为广阔、更为壮观的宇宙之中，人类就是依据氏族亲缘关系与神联系在一起的。

第八章　人与神的渊源

第二十四节　神赋予的灵魂

西塞罗：在探究人的本性时，人们通常认为，而且我认为确实如此：历经不断运动、进化和演变，宇宙发展至某个时期，就适合播种人类的种子。人类被播种于地球各处后，就被赋予神明之馈赠——灵魂。灵魂，是由神明植于我们体内的，是永恒不灭的，但是，组成人体的其他成分，是会死亡的物质，是脆弱而会消亡的。

第二十五节　人与神的亲缘

西塞罗：因此，我们人类与神明之间，确实存在亲缘关系。换言之，两者拥有共同祖先或者是同源的；在所有的物种之中，除人之外，没有哪一种物种对神明有所认识；在人类这种物种中，没有哪个民族,无论是文明的还是野蛮的,会不知道这一点:应承认神明的存在,即使不知道应承认哪一种神明。总之,可以得出如下结论:人类承认神明,就是承认和回忆自身的起源。

此外,人与神具有美德,其他任何物种都不具有这一点。这种美德,不是别的什么,而是达致至善、进入最高境界的自然状态。因此,人与神具有相似性。既然如此,那么,人与神之间,还能有什么更为紧密、更为牢固的关系呢?

第九章　神明的恩赐

第二十六节　神明赋予人类丰富的物质

西塞罗:为了人类的需要与福祉,大自然就赋予人类无比丰富的东西,乃至似乎这一切,都是精心赐予人类的,而不是偶然产生的;不仅有肥沃土地出产的粮食与水果,而且还有牲畜,一部分供人役使,另一部分供人食用,还有一部分供人享乐。在大自然的教导下,即通过理性模仿大自然,人类还发明了各种技艺,创造生活所需的各种东西。

第二十七节　神明赋予人类情感与思维

西塞罗:大自然,不仅赋予人类敏捷的思维,而且赋予人类如同仆人和信使般的感觉;不仅向人类展现诸多事物若隐若现的形象,以提供认识这些事物的基础知识，而且赋予人类完全适合自身状况的形体。大自然，让其他动物都低头面向地面觅食，却唯独让人类直立行走，激励人类凝望星空，似乎就是凝望家园故土；塑造了人类脸庞特有的外在形状，以便呈现人类的内在习性。我们的眼睛，富有表现力，能够清楚反映我们的内心活动；那种称作表情的东西，除人以外其他任何动物都不具有，能够显露人的性格。希腊人知道表情这种东西，但找不到合适词汇予以表达。我不打算继续谈论身体其余部分的功能与作用，例如，掌控声音的能力以及最有效促进人类交流的语言力量。所有这一切，不宜在此时此刻进行讨论，而且在我看来，在大家读过的那本著作[1]中，西庇阿已作充分阐述。

就这样，神明创造和装备了人类，希望人类成为万物之首。很显然，人类本身凭借自身力量，又更进一步：人类以早期而初步的知识作为起点，无须任何指导，完全依靠自身力量，巩固和发展了理性。所有这一切，不必由我予以一一阐述。

---

〔1〕 指西塞罗《论共和国》。——译注

第十章　人皆有共性

第二十八节　人皆为正义而生

阿提库斯：不朽之神啊！为追寻正义之源，你的追溯何等深远啊！如今，我不但不急于倾听原本期待的由你阐述的市民法问题，而且希望你整天都谈论这个话题。其实啊，你为了谈其他问题而提出的这些问题，比你前面开场白提及的问题更为重要。

西塞罗：确实很重要，尽管目前只是简单谈及。在哲学家们讨论的问题中，没有哪个问题比透彻理解如下问题更为重要：我们为正义而生，正义之根不是信仰而是自然。只要考察人类之间的共同纽带，就会明白这一点。

第二十九节　人皆为相同之物

西塞罗：没有哪一种生物，像人类那样，如此相似、如此相同。要不是堕落的风俗与错误的信仰扭曲了脆弱的心灵，导致人们误入歧途，就会是人人相似程度胜过像自身的状况。因此，无论怎样定义一个人，都适用于一切人。

第三十节　人皆有理性

西塞罗：这充分说明，人与人之间没有不同。如果有，给人下的定义就不能适用于一切人。理性，是人所共有的，那是人类独一无二的东西，那是让我们超越其他动物的东西，那是让我们进行推论、论证、反驳、讨论、阐述和下结论的东西。人皆有学习能力，尽管因受教育程度不同而有所差别；人皆靠感官接受事物，事物作用于人之感官后再作用于人之头脑。这种人之思维的基本原理，适用于一切人。人之语言，人之用词，也许会有所不同，但是，所表现的思想内容，是相同的。任何民族，都不可能存在这种人：他找到了指导者，却不能养成美德。

第十一章　人皆有欲望

第三十一节　人皆爱享乐

西塞罗：人之类似，不但表现在良好品质上，而且表现在恶劣品质上。所有人都喜好享乐，因为轻松快乐会让我们感到愉悦。它可以引人走向自然之善，也同样可以诱人踏上邪恶之路。由于判断错误，我们会把愉悦都视为有益之物。由于近于无知，我们会躲避死亡，似乎死亡就是自然的毁灭；我们会祈求活着，这样就可以留在出生时的世界；我们会把痛苦视为一大不幸，不仅因为它令人难以接受，而且因为死亡似乎就会随之而至。

第三十二节　人皆有烦恼

西塞罗：由于尊重与荣誉有相似之处，谁受

到尊重谁就似乎是幸福的，谁不享有荣誉谁就似乎是不幸的。烦恼、欢乐、欲望和恐惧，同样人人皆有。人之信仰会所有不同，但并非说困扰信仰猫狗之人与信仰其他之人的迷信会有什么不同。有哪个民族不重视礼节、友善、真诚和感恩？有哪个民族不蔑视、不憎恨傲慢、邪恶、残忍和忘恩负义？这一切的一切足以说明，人类是联结为一体的，正确的生活方式会让人类过得更美好。

要是你们同意我刚才说的，我们就可以接着谈论其他问题。要是你们认为有什么没有谈到，那我们就先解决那个问题。

阿提库斯：我们很满意，如果我可以代表我们两个人的话。

第十二章　法即理性

第三十三节　赋予理性就是赋予法律

西塞罗:接着要讨论的是,大自然创造了我们,让我们彼此接受并与其他人一起分享正义观念。我希望大家在整个谈论中都明白,大自然是什么……[1]

道德沦丧,人类堕落,熄灭了大自然点燃的星火,乃至弊病丛生。要是人类的判断与大自然一致,要是人类如有位诗人所说的"认为人的一切都不陌生"[2],正义就会得到所有人的奉行。被大自然赋予理性之人,被赋予的是正确理性,因此,就被赋予了法律,即命令和禁止做什么的正确理性。赋予法律,就是赋予正义。赋予一切

---

〔1〕 此处原文残缺不全。——译注

〔2〕 引自古罗马诗人泰伦斯喜剧作品《自虐者》。泰伦斯(约公元前195年—公元前159年),古罗马著名戏剧家,生于迦太基,著有《婆母》《两兄弟》《安德罗斯妇人》《宦官》《自虐者》《福尔米欧》等六部喜剧作品。——译注

人理性,就是赋予一切人正义。因此,苏格拉底[3]诅咒第一个将功利与正义分离之人并认为这是一切弊病之源,是正确的。

第三十四节 “爱人如爱已”的启示

西塞罗:毕达哥拉斯[4]关于“友谊是一种和谐的平等”的那句名言[5],从何而来? ……地方。[6] 由此可以清楚看出,对具有同样美德之人,智者展现出传播得极其广泛的善意,某些人会认为是不可置信的,但这是必然的:爱人就如爱已。一切皆平等时,这有何区别? 事实上,稍有不平等,友谊就会消失。朋友之间,若有人想得到更多,友谊就不复存在。

所有这一切,都是我们以下讨论的前提。唯有如此,才能更好理解大自然是法的根源。对此,我将进一步论述,然后再转向阐述引发这次对话的市民法。

---

〔3〕 苏格拉底(公元前469年或公元前470年—公元前399年),古希腊哲学家,柏拉图和色诺芬的老师。——译注

〔4〕 毕达哥拉斯(约公元前580年—约公元前500年),古希腊数学家、哲学家。——译注

〔5〕 “友谊是一种和谐的平等”的毕达哥拉斯名言,是译者根据上下文增补的。原文是“毕达哥拉斯关于友谊的那句名言”。——译注

〔6〕 此处原文残缺不全。——译注

第十三章　法源于大自然

第三十五节　法与大自然不可分割

昆图斯：不必再作阐述。从你所论述的，阿提库斯确信，我当然也确信，法源自大自然。

阿提库斯：我怎么可能有其他想法呢？目前已经证明：第一，我们是由神明的馈赠予以装备美化的；第二，人类拥有一种同样的、共同的生活准则；第三，人类是由某种天然的友善以及正义联结为一体的。只要我们同意上述观点，而且我认为这是正确的，怎么可能把法与正义同大自然分开呢？

第三十六节　法源于大自然的意义

西塞罗：说得对，就是如此。过去泛泛讨论

的问题,如今正按照哲学家——不是古代哲学家[1]而是创建了某种智慧作坊的哲学家[2]——的方式,条分缕析地进行讨论。这些哲学家认为,不把法源自大自然这个问题讲清楚,我们目前讨论的问题就不可能得到圆满解决。

阿提库斯:我想啊,你这么说,已经丧失独立判断能力,似乎是屈从权威、人云亦云。

第三十七节　认同法源于大自然之人(一)

西塞罗:并非总是如此,阿提库斯,想想我们讨论的目的,就是为了巩固国家、维护正义和革除弊病。因此,我格外小心,不希望据以展开讨论的根本原则没有经过深思熟虑。当然,我不指望这些原则能够得到普遍认同,因为我知道,这是不可能的。但是,我希望,这些原则可以得到如下之人的认同:他们认为,唯有正确而高尚之物,才值得追求,并认为本身值得称赞之物或者至少是自身确实美好之物,才值得珍视。

第三十八节　认同法源于大自然之人(二)

西塞罗:不管如何,如下所有这些人的观点,与我的观点是一

---

〔1〕 似指至柏拉图时代为止的哲学家。——译注

〔2〕 似指斯多葛学派哲学家。——译注

致的：无论是留在早期雅典学园[3]的斯珀西波斯[4]、色诺克拉底[5]、帕勒蒙[6]等人，还是与前者观点实质相同但表述不同的追随亚里士多德[7]和狄奥弗拉斯特[8]等之人，抑或是像芝诺[9]那样只是改变术语而没有改变实质之人，甚或是赞同阿里斯托[10]晦涩难懂的学说观点——如今遭批驳的这种观点认为，除善恶之外，一切均应完全平等对待——之人。

---

〔3〕 雅典学园，又称"希腊学园""阿卡德米学园""柏拉图学园"等。原址为一片橄榄林，有花园及健身房，是为奉献给传说中的阿提卡英雄阿卡德谟斯而建造的。公元前387年，柏拉图购得此园作为讲学授徒之所，开创西方最早的高等学府。雅典学园大致分为早期、中期和后期三个时期。公元529年，查士丁尼大帝下令关闭延续900多年的雅典学园。——译注

〔4〕 斯珀西波斯（公元前408年？—公元前339年？），古希腊哲学家，柏拉图的外甥。柏拉图去世后，斯珀西波斯掌管雅典学园。——译注

〔5〕 色诺克拉底（？—公元前314年），希腊哲学家、柏拉图的学生，继斯珀西波斯掌管雅典学园。——译注

〔6〕 帕勒蒙（？—公元前270年），古希腊哲学家。据传，有次醉酒后闯入色诺克拉底的课堂，被其讲学所打动，遂成为其门生。公元前314年，继色诺克拉底掌管雅典学园。——译注

〔7〕 亚里士多德（公元前384年—公元前322年），集大成的古希腊哲学家、百科全书式的科学家、教育家、动物学奠基人。柏拉图的学生，亚历山大的老师。在雅典学园期间，柏拉图称他是"学园之灵"。在柏拉图去世两年后，离开雅典学园。公元前335年，在雅典举办吕克昂学园即亚里士多德学园。——译注

〔8〕 狄奥弗拉斯特（约公元前372年—公元前287年），又译"狄奥弗拉斯图""西奥弗拉斯塔""德奥佛拉斯多斯""提奥夫拉斯图斯"等，古希腊哲学家、植物学奠基人。公元前348年，离开雅典学园，师从亚里士多德。在亚里士多德创办吕克昂学园后，狄奥弗拉斯特成为亚里士多德的得意门生和主要助手，后主持吕克昂学园。——译注

〔9〕 指斯多葛学派创始人芝诺（公元前334年—公元前262年），又称"塞浦路斯人芝诺"，古希腊哲学家，自然法理论的奠基者。——译注

〔10〕 即希俄斯的阿里斯托（公元前3世纪），斯多葛学派学者，芝诺的朋友兼弟子。——译注

第三十九节　花园学派与怀疑论学派

西塞罗：至于自我放纵、成为自身奴隶、凡事以追求享乐或者逃避痛苦为判断标准的那些人[11]，即使他们说的是真理——此处不必争论——也请他们在他们自己的花园里发发议论吧，也请他们暂时远离他们不懂也不愿懂的任何国家事务的讨论吧。阿凯西劳斯[12]和卡涅阿德斯[13]这些后期雅典学园派，把上述问题搞得混乱不堪，就请他们保持沉默吧。对如今我们认为已经得到充分研究和肯定的问题，要是任由他们抨击，就会造成巨大灾难。我不敢令他们离开，只希望他们保持安静。

---

〔11〕　暗指认为"人死魂灭"的伊壁鸠鲁学派。创始人伊壁鸠鲁经常在自家庭院研究学问，与外部世界完全隔绝，强调及时行乐，所以，伊壁鸠鲁学派又称"花园学派"。——译注

〔12〕　阿凯西劳斯（约公元前315—约公元前241年），又译"阿尔克西拉乌斯"，古希腊哲学家，曾掌管雅典学园，将雅典学园派带向怀疑论。——译注

〔13〕　卡涅阿德斯（公元前214年—公元前129年），古希腊怀疑学派哲学家，曾掌管雅典学园。——译注

第十四章　何以阻止犯罪

第四十节　复仇女神

西塞罗：……[1]即使没有焚香，我们的心灵也能从中得到净化。但是，针对人类的犯罪和针对神明的亵渎，是无法净化赎罪的。必须惩处这类行为，多半不是由法院判决——如此判决，以前没有，如今许多地方也没有，即使有的地方也常常不公正，而是由复仇女神[2]在追击他们——不是像神话中描写的那样举着火把，而是犯罪者遭受着良心的拷问与内心的煎熬。

可以阻止人们犯罪的，倘若是惩罚而不是自然法，那么，是怎样的担忧让不对惩处感到恐惧

〔1〕　此处原文残缺不全。——译注

〔2〕　复仇女神，系希腊神话不安女神阿勒克图、妒嫉女神墨纪拉和报仇女神提希丰的总称。复仇女神的任务，是追捕并惩罚犯下严重罪行之人。无论罪人在哪里，她们总会跟着他，使其良心受到痛悔的煎熬。只要世上有罪恶，她们就必然存在。——译注

的犯罪者觉得不安？事实上，没有哪个犯罪者会厚颜无耻到否认所犯罪行，或者不为自身罪行编造借口，引用某种自然法为自身罪行寻找正当理由。要是犯罪者胆敢引用某种自然法，诚实善良的人们该如何维护这种自然法？

第四十一节　刑罚的局限

西塞罗：要是唯有刑罚，唯有对刑罚的恐惧，而不是可恶的犯罪行为本身，才能迫使人们放弃非法犯罪活动，那么，谁都不是正直之人，本应视为恶人的犯罪人则应称为不审慎者。要是促使我们成为诚实善良之人的，并非高尚德性，而是某种利益或者功利，那么，我们都不是正直之人，而是狡诈之徒。要是一个人害怕的只是证人和法官，那么，在无人知晓时，他会如何行事？要是在荒凉之地，这个人遇到携带许多金子的弱小而孤立无援的路人，他又会如何行事？天性正直、善良之人，会与这位路人打招呼，会帮助他，会给他指路。而另一种人，从不为他人做事而只以自身利益衡量一切之人，我想，大家都很清楚，究竟会做什么！要是他否认企图杀害路人而夺取金子，他之所以没有这种企图，也不是因为他认为这样做是自然的邪恶行为，而是因为他害怕别人知道其罪行，从而招来不幸。天啊，这是什么念头！智识之士与粗野之人都会感到羞耻。

第十五章　公正的根基

第四十二节　成文法不等于公正

西塞罗：世上最愚蠢的就是认为，只要得到人民大会或者立法批准的，就是公正的。难道得到僭主[1]立法批准的，就是公正的？要是希腊臭名昭著的三十僭主[2]颁布法律，要是所有雅典人都接受三十僭主颁布的法律，难道那些法律就是公正的？我认为，这些法律丝毫不比我们的临时执政官所颁之法[3]公正。他所颁之法，让独

---

〔1〕　僭主，一般指古希腊城邦非法夺取政权或者非法继承政权的统治者。——译注

〔2〕　公元前404年至公元前403年之间的八个月期间，在斯巴达扶持下设立雅典傀儡政权，由三十个贵族实施残暴专制的寡头统治，史称“三十僭主统治时期”。——译注

〔3〕　公元前82年，担任古罗马临时执政官的卢修斯·瓦莱里乌斯·弗拉库斯提议颁布《瓦莱里亚法》，从而帮助苏拉成为独裁者。——译注

裁者[4]可以不经法庭审判,想处死哪位公民就处死哪位公民。

事实上,世上只存在一种公正,对一切人都具有约束力。它是由独一无二之法确立的,它是允许和禁止人们做什么的正当理性。无论是否成文,谁不知道它,谁就不是正义之人。要是认为公正臣服于成文法和国家机构,要是认为——还是如那些人[5]所认为的——衡量一切的标准皆为功利,那么,只要认为对自己有利,人们就会蔑视法律,如果有可能就会破坏法律。

第四十三节　大自然是公正的根基

西塞罗:由此可知:要是不存在天然正义,就无所谓什么公正;要是公正的根基是功利,就会因对他人不利而被丧失根基;要是公正不是大自然赐予的,就不复存在一切美德……[6]哪里可能存在什么热爱祖国、慷慨大度、恭敬孝顺、乐于助人和感恩回报?所有这一切的产生,都是因为有大自然教导我们要热爱其他人。这就是公正的根基。否则,人对人的关怀,人对神的恭敬,统统都不复存在。我认为,应维护这种关怀与恭敬,不是因为恐惧,而是因为人与神之间存在紧密联系。

---

〔4〕 指苏拉(公元前138年—公元前78年),古罗马军事统帅,奴隶主贵族政治家,罗马第一个终身独裁官,开创军事独裁统治先河。——译注

〔5〕 似指伊壁鸠鲁学派哲学家。——译注

〔6〕 此处原文残缺不全。——译注

第十六章　善恶标准

第四十四节　自然法是唯一区分标准

西塞罗：要是公正是由人民投票、君主谕令或者法官判决确立的，那么，支持抢劫、通奸或者伪造遗嘱的法律，也会得到确立。要是愚蠢的人们可以通过投票推翻自然法，难道他们不会颁布法令，把邪恶的、有害的规定为美好的、有益的？要是法律能把不公正的说成公正的，难道它不能把恶规定为善？

事实上，区分善与恶的唯一标准，就是自然法，而不是别的什么。不仅区分公正与不公正，而且区分高尚与丑恶，均应遵循自然法。自然法赋予我们共同的观念，在我们心中确立高尚就是美德、丑恶就是羞耻。

第四十五节 美德是充分发展的理性

西塞罗:唯有疯子,才会认为这些不是自然法问题而只是个人看法问题。即使我们乱用概念,谈论什么树或者马的德性,也不是个人看法问题,而是自然法问题。因此,高尚与丑恶,也是依自然法进行区分的。要是从整体上看,德性依个人看法确定,那么,从组成部分上看,也应如此。可是,有谁判断某人是否精明或者如我说的机智,不是从本性而是从外表作出的?总之,美德是充分发展的理性,必定存在于自然法之中,高尚品质亦然。

第十七章　善恶何来

第四十六节　自然之善

西塞罗：如同真理与谬误一样，合不合乎逻辑，是依据自身本质而不是外在因素进行判断的……[1]作为稳定生活方式的美德以及非稳定生活方式的丑恶，亦然。

判断一棵树或者一匹马的性格，依据的是自然本性。难道判断年轻人的性格，就不如此？或者性格依据自然法则进行判断，而源自性格的美德和恶习，就依据其他进行判断？或者判断美德与恶习的依据与判断性格的依据一样，而判断高尚与丑恶，就不依据自然法则？值得称赞的，无论是什么，必定是本身蕴含着值得称赞的东西，因为善本身是依自然法则而不是依人们的看法而存在。倘若不是如此，一个人幸福与否，就会

[1]　此处原文残缺不全。——译注

依人们的看法而改变。这是何其荒谬啊！既然善与恶皆依自然法则进行判断，而且是自然法则的基本内容，那么，高尚与丑恶也必定如此。

第四十七节　诱惑之恶

西塞罗：人类信仰与观点纷呈而异，一直困扰着我们。我们认为，这是大自然确定的，而不是感官造成的；不同之人有不同看法，同一之人不同时期有不同看法，皆为虚幻的。事实并非如此。无论是父母、奶妈、老师、诗人，或者是戏剧、舆论，都不可能将感官引入歧途。但是，要么是上述人员或者东西，要么是纠缠着我们感官的诱惑即愉悦——善之赝品和万恶之母，为我们的心灵设置陷阱，趁我们的心灵空虚、软弱、不定型之际，随心所欲地扭曲、污染我们的心灵。由于各种诱惑的腐蚀，我们无法分辨何者是源于大自然的善，因为这种善并没有类似的甜蜜诱惑。

第十八章　正义与回报

第四十八节　正义不求回报

西塞罗:为结束这个话题,兹提出如下结论:从以上所述,显然可以看出,正义,如同一切高尚之物一样,是因其本身而令人崇尚。事实上,人们崇尚公平正义就是因为这是公平正义,不会有人崇尚本身不该崇尚的、珍视不该珍视的东西。公平正义如此,法也如此。法如此,其他一切美德也如此。慷慨大度如何?是有所求,还是无所求?要是不讲回报,就是无所求;要是讲回报,就是有所求。毫无疑问,不追求回报而遵循义务责任之人,就是慷慨大度之人。公平正义也如此,不讲任何回报,是因其自身而被人们追求。一切美德,亦然。

第四十九节　追求回报是不义

西塞罗:要是崇尚美德,不是因为其本身值得崇尚,而是为了追求回报,那么,如此德行,更应称为恶行。越是出于自身利益而采取行动之人,就越是非善之人。凡是以回报衡量美德之人,绝不相信存在美德,而认为只存在恶行。要是没有人愿意行善,何来行善之人?要是没有人确实真正感恩,何来感恩之人?要是并非全心全意热爱朋友,何来神圣友谊?倘若没有回报和利益,朋友就会被抛弃。这是何其不可思议!要是为友谊而追求友谊,那么,就是为友谊、平等、正义本身而追求它们。倘若并非如此,就根本不存在什么正义之类的东西,因为为回报而追求正义,就是最大不义。

第十九章　崇尚美德的原因

第五十节　洁身自好的原因

西塞罗：有度、温和、自律、谦虚、羞耻、贞洁，又如何？人们不敢胡作非为，是害怕丢脸，还是担心受到法律惩处？人们洁身自好，是为了博取好名声？我羞于谈论贞洁问题。我为这样一些哲学家感到羞愧：他们竟然认为，躲避坏名声甚于躲避作恶。

第五十一节　丑陋卑劣的原因

西塞罗：对此，还能说什么呢？当丑行会让人声名狼藉时，难道我们能把那些因担心身败名裂而停止淫乱者视为有德者？要是无视应受称赞或者谴责之事的本质，有什么可以得到应得的称赞或者谴责？是不是特别明显的生理缺陷会令人反感,而丑陋扭曲的心灵却不会?要知道,从劣行本身很容易看出心灵污垢。有什么比贪婪更可鄙?有什么比纵欲更可恶?有什么比怯懦更可悲?有什么比愚笨更卑贱?由此可以得出什么结论?对那些具有某种或者某些恶习者,我们称其为卑劣者,是因为他们遭受了惩罚或者折磨,还是因为恶习本身的本质以及其可鄙?反之,美德亦然。

第五十二节　崇尚美德的目的

西塞罗:要是崇尚美德,是为了获取其他好处,就必然存在比美德更诱人的东西。金钱、官职、美貌或者健康呢?其实,当得到这些时,并不觉得有多大意义,而且也无法知道它们能留存多久。愉悦呢?这是最可鄙的。正是蔑视、鄙弃愉悦,才能最清楚地展示美德。

大家想想,这里面蕴含多少问题和观点,它们是如何交织在一起的。要不是有意打住,我还会继续说下去。

第二十章　至善之争

第五十三节　争论不休

昆图斯：往何处？兄长，我乐意继续洗耳恭听。

西塞罗：至善。这是判断一切行为的标准，这是终极目的，这是哲学家们争论不休的问题，这是终究会得到解决的问题。

阿提库斯：卢修斯·格利乌斯[1]已去世，如何可能？

西塞罗：这有何关系？

阿提库斯：我记得，在雅典，听到我朋友费德鲁斯[2]说，你朋友格利乌斯在裁判官任期届满，

---

〔1〕 卢修斯·格利乌斯（公元前1世纪），系西塞罗好友，并非哲学家，公元前72年担任执政官，公元前70年担任监察官，支持西塞罗反对喀提林，恺撒的反对者。——译注

〔2〕 费德鲁斯（公元前140年—公元前70年），又译“斐德罗斯”，伊壁鸠鲁学派哲学家，西塞罗的老师。曾在罗马为奴，后获释放。——译注

以行省总督身份到希腊后,把当时在雅典的哲学家召集在一起,竭力劝说他们停止争论。他说,要是他们不想把一辈子耗在争论上,他可以帮助他们达成一致。

西塞罗:那说的是笑话,阿提库斯,好多人以此取乐。不过,我倒很乐意在早期雅典学园派与芝诺学派之间进行调解。

第五十四节　分歧何在

阿提库斯:为什么?

西塞罗:他们只在一个问题上有分歧,在其余问题上都是惊人一致的。

阿提库斯:你是这么认为的?有分歧的,就一个问题?

西塞罗:就一个本质问题:早期雅典学园派把一切顺应自然的、有益于我们生活的,视为善,而芝诺学派则认为,唯有高尚的,才是善。

阿提库斯:我认为,那是小问题,不至于导致他们存在那么大的分歧。

西塞罗:要是两者的分歧,不是本质上的而是只是字面上的,我就同意你的说法。

第二十一章　无根本分歧之争

第五十五节　至善抑或唯一之善

阿提库斯：就是说，你同意我好友——我不敢妄称是我老师——安提奥科斯[1]的意见。我曾同他一起生活。他差一点就把我从花园[2]中拽出而带入附近的雅典学园。

西塞罗：他机敏、博学，在研究上趋于完美。如你所知，他是我好友。很快就可以看出，我是否完全同意他的观点。不过，整个争论是可以解决的。

阿提库斯：为何这么认为？

西塞罗：要是像希俄斯的阿里斯托说的那

[1] 安提库斯（公元前130年或公元前120年—约公元前68年），又译"安提奥科斯"，古希腊哲学家，曾任雅典学园主持人（公元前88年—公元前68年），西塞罗的老师。其学说倾向斯多葛学派，但带有折中主义特征，认为柏拉图雅典学园派、亚里士多德逍遥学派和芝诺斯多葛学派本质上一致。——译注

[2] 喻指伊壁鸠鲁学派。——译注

样，芝诺说过，唯一之善就是美德，唯一之恶就是丑行，其余都一样，而且无论它们存不存在，都无甚区别，那么，他同色诺克拉底、亚里士多德以及柏拉图学派之间就存在很大分歧，而且这种分歧涉及最重要的问题和整个生活方式。但是，芝诺说，美德是唯一之善，而早期雅典学园派则说，美德是至善；芝诺说，丑行是唯一之恶，而早期雅典学园派说，丑行是至恶；芝诺说，财富、健康和美丽是优势而不是善，贫穷、弱小、痛苦是劣势而不是恶。其实，芝诺的观点与色诺克拉底、亚里士多德的观点是一样的，只是用词不同而已。这种并非实质不同而只是字面不同的差异，产生了目的上的争议。难道因为《十二铜表法》不允许沿边界线五尺地带由实际占有而获得土地所有权，所以，我们就不允许这个机敏之人占有古老的雅典学园，我们就不是根据《马米利安法》由一位仲裁员而是根据《十二铜表法》由三位仲裁员确定边界？

第五十六节　大自然是标尺

昆图斯：那么，我们应作出什么决定？

西塞罗：我们应找出并遵循苏格拉底确定的界线……[3]

昆图斯：兄长，你出色运用了我期待你谈的市民法术语。刚才说到的仲裁问题，是非常重要的问题，以前我常常听你这样说。确实如此，与大自然保持一致的生活，即基于美德的有节制的生活，或者遵循大自然、依据所谓自然规律的生活，即按照自然指令行事

[3]　此处原文残缺不全。——译注

的生活,把美德视为法律的生活,就是至善……[4]因此,这个问题,我不知道能否解决,要是我们打算彻底解决刚开始时提出的那些问题,肯定我们这次谈话是无法解决的。

---

〔4〕 此处原文残缺不全。——译注

第二十二章　法应纠恶扬善

第五十七节　生活准则

阿提库斯:我倒很想谈谈这个问题。

昆图斯:以后找机会再谈吧。我们继续讨论刚开始时提出的问题,毕竟至善至恶分歧问题与我们谈论的问题无关。

西塞罗:说得很好,昆图斯。到目前为止,我所说的……[1]

昆图斯:……[2]我既不是要你谈论来库

〔1〕 此处原文残缺不全。——译注
〔2〕 此处原文残缺不全。——译注

古[3]、梭伦[4]、卡伦达斯[5]或者扎勒科斯[6]的立法，也不是要你谈论我们的《十二铜表法》或者人民大会的立法。今天的对话，我期待兄长谈谈各族人民及其个体的生活准则。

第五十八节　法应纠恶扬善

西塞罗：昆图斯，你所期待的，正是我们今天要探讨的，但愿我能够讲清楚。有一点是确定无疑的，法应纠恶扬善，就应从中得出生活准则。同样，智慧是万善之母，对智慧之爱就催生了希腊文"哲学"一词。哲学，是不朽神明赋予人类生活最丰富、最慷慨、最尊贵的馈赠。哲学，不仅教导我们认识万事万物，而且教导我们认识最困惑之事，即我们自己。这一教导的力量和意义如此巨大，乃

---

[3] 来库古（公元前800年？—公元前730年？），又译"莱库古""吕库古""来库格斯"等，据传系古希腊斯巴达王国著名立法者。也有人认为，这只是传说中的人物。——译注

[4] 梭伦（约公元前640年—约公元前558年），古希腊雅典城邦著名改革家、政治家、立法者、诗人，古希腊七贤之一。公元前594年出任雅典城邦执政官，制定法律，进行改革，史称"梭伦改革"。——译注

[5] 卡伦达斯（约公元前6世纪），又译"卡隆达斯"，古希腊殖民地西西里立法者。卡伦达斯规定，公民不得携带武器参加集会。据传，有一次他不慎佩剑参加集会。卡伦达斯意识到践踏到了自己所立之法，随即拔剑自刎而死。为防止野心家武断修改其所立之法，卡伦达斯规定：在立法会议讨论之时，要在提议修改之人脖子套上绳索，一旦提议被否决，就勒死提议之人。——译注

[6] 扎勒科斯（公元前7世纪？），又译"扎卡拉斯""札留库斯"等，古希腊殖民地城邦意大利南部洛克瑞斯立法者，制定了古希腊第一部法典。该法典规定，通奸者应剜除双目。后来，其儿子犯此罪。扎勒科斯面对民众，自剜一眼，其儿子听令也自剜一眼。文艺复兴时期雕刻家让·古戎以此创造的"扎勒科斯审判"或者"自剜双目"雕塑，如今置于卢浮宫内。其"人之将死，愧疚自身所为不公正之事"的话语，颇有《论语》"鸟之将死，其鸣也哀；人之将死，其言也善"之味。——译注

至于人们把它归功于德尔斐之神[7],而不是某个凡人。

第五十九节　认识自己的作用

西塞罗:因此,谁认识了自己,谁首先就会感到自己具有某种神性,就会感到自身智力就如神圣的神像一样,就会永远以不辜负神之伟大馈赠的方式进行思考和采取行动;谁彻底审视并认清自己后,就会懂得如何顺其自然地生活,应以什么方式获取智慧。最初,他的心智对万事万物只拥有初步概念。在智慧的指引下,完全认识万事万物后,他就会意识到自己要成为高尚之人,从而也是幸福之人。

---

〔7〕 德尔斐,位于古希腊中部的福基斯,距雅典150公里,系古希腊的宗教中心。古希腊人尤其是古希腊神话认为,它是“世界肚脐”即“世界中心”。此处为太阳神阿波罗建有德尔斐神庙,故德尔斐之神即代指阿波罗。德尔斐神庙上刻有三行字:一是“认识你自己”;二是“凡事勿过度”;三是“妄言者祸近”。——译注

第二十三章　洞悉大自然的意义

第六十节　可以择善去恶

西塞罗：在心灵洞察美德后，人们就会不再听命于肉体，就会不再放纵自身，就会像避免可耻行为一样抑制对愉悦的追求，就会摆脱对死亡和痛苦的恐惧，就会与亲近之人友好相处，就会认识到一切本性与其相通之人皆为其可亲近之人，就会敬奉神明和虔诚信教，就会像擦亮眼睛一样擦亮心灵，从而能够择善去恶——这种能力，因具有远见而称为洞察力。难道还有什么比这更为幸福吗？

第六十一节　可以认识自己

西塞罗：在探究天空、大地、大海以及万事万物的本质后，在明白这一切从何而来并去往何处、如何消失并何时消失、何者永恒而何者必灭以及何者神圣不朽后，在领悟到——如果可以这么说——掌控这一切的神明后，在意识到自己不是被人类围墙困住的某一个地方的公民而是如同一座城邦国家的整个世界的公民后，总而言之，在洞察不朽神明创造的大自然后，人们将按照皮媞娅[1]传达的阿波罗神谕那样，充分认识自己，鄙视一般人视为最有价值的东西并认为它们一文不值！

[1] 皮媞娅，又译为“皮提娅”“皮提亚”“琵西雅”等，古希腊德尔斐神庙的女祭司，专司传达阿波罗神谕之职。——译注

第二十四章　称颂哲学的意义

第六十二节　哲学是钥匙

西塞罗:像借助篱笆一样,人们可以借助辩论之法,借助分辨真伪的知识,借助逻辑推理的科学,维护这一切。在认识到自己是为公民社会而生时,人们就会意识到,不仅要运用精巧的辩论技术,而且要运用各种演说技巧,管理人们,制定法律,惩恶护善,褒扬杰出人士,颁布适合教育同胞的安全与荣誉规则,激励人们修身养性,呼吁人们不得违法犯罪,安抚被害人,为勇敢者和智慧者树碑立传让其流芳千古,鞭挞为非作歹者让其遗臭万年。凡是愿意认识自身之人,这一切的一切,都可以做到,而做到这一切的钥匙,就是智慧,就是哲学。

第六十三节　称颂哲学的目的

阿提库斯:你对哲学的称颂,既真实可信又令人印象深刻。不过,目的何在?

西塞罗:阿提库斯,首先,这与将要讨论的问题有关。这些问题极其重要,但是,唯有认识到它们的源头极其重要,才能明白它们极其重要。其次,我愿意这么做而且希望这么做是正确的。哲学,是我专注研究的东西,也是造就我的东西,我怎能不大加称赞?

阿提库斯:你说得对。它值得你称颂,而且诚如你所说,在讨论中大讲特讲哲学,完全有必要。

第二卷

论宗教法

第一章　魂牵梦绕的故乡

第一节　乐意逗留之地

阿提库斯：我们已走了很多路，也该谈论下一个话题了。要不我们移步菲布瑞努斯河[1]的小岛上，继续探讨？那条河，是叫这个名字吧。

西塞罗：好啊！我平常就很乐意去那里，或沉思，或阅读，或写作。

第二节　返璞归真最好

阿提库斯：对于刚到这里的我来说，待多久都不会厌倦。但是，我不喜欢那豪华别墅、大理石地板和镶花天花板。看到某些人称为“尼罗

---

〔1〕　菲布瑞努斯河，系利里斯河的支流。——译注

河”[2]或者“欧里波斯海峡”[3]的引水道[4],我就觉得好笑。刚才你阐述法与正义时,把一切都归于大自然。为使身心得到休息和娱乐,返璞归真也是最好的。我以前感到好奇——你的演说和诗歌,让我以为,这里除了岩石和群山外,什么也没有——我确实曾经感到好奇,为何这里让你那么赏心悦目。现在我感到好奇的是,如今你离开罗马后,会不会到其他地方去。

第三节　真正的祖国

西塞罗:没错,尽管机会不多,但是,只要有空离开罗马,尤其是在这个季节,我总是来到这个美丽而有益健康的地方。这里让我感到开心快乐,还有另一个原因,不过,这个原因与你没有多大关系。

阿提库斯:究竟是什么原因?

西塞罗:实话实说吧,这里,是我和我兄弟真正的祖国,是我们家族的远古发源地,有我们祖先的诸多印迹。你看:这房子,就是我父亲精心扩建装修的。他身体不好,几乎一生都在这里从事学习研究工作。这房子,就是我的出生地。那时,我祖父还在世,它

〔2〕 尼罗河,系流经非洲东部与北部的河流,自南向北注入地中海。——译注

〔3〕 欧里波斯海峡,系希腊东海岸与尤卑亚岛之间的海峡,以水流湍急著称。——译注

〔4〕 富有罗马人的别墅一般挖有引水道。用风景名胜等命名有特色的建筑,是当时罗马盛行的风俗习惯。——译注

是老式小房子,就像库里乌斯[5]在萨宾[6]乡下的房子一样。因此,这个地方总有某种东西深深地印在我的心里和深深地触动我的情感,让我更加喜爱它,就像那位足智多谋的英雄宁愿放弃永生也要返回伊萨卡岛一样。[7]

---

〔5〕 马尼乌斯·库里乌斯·登塔图斯(?—公元前270年),古罗马军事活动家和政治家,公元前290年、公元前284年、公元前275年和公元前274年先后4次当选执政官,公元前272年当选监察官。——译注

〔6〕 萨宾,系古罗马台伯河东岸山岳地区。——译注

〔7〕《荷马史诗》之二《奥德赛》记载:希腊英雄奥德修斯在特洛伊战争后返家途中,漂流到仙女卡吕普索居住的小岛。卡吕普索拯救并爱上奥德修斯,以让他永生为引诱,欲留住奥德修斯。奥德修斯宁愿放弃永生,也要返回家乡伊萨卡岛与妻子团聚。——译注

第二章　两种祖国

第四节　伟人出生地

阿提库斯:是啊,我觉得,你确实有充足理由乐于来到这里和热爱这里。说真的,由于这里是你出生长大的地方,甚至我也更加喜欢这座房子和这片土地。不知怎么地,那些留有我们热爱崇敬之人印迹的地方,总是让我们感动。我所热爱的雅典,之所以令我喜悦,与其说是因为那里有诸多的宏伟建筑物和精美的古典艺术品,不如说是因为在那里可以追思许多伟人,例如,某位伟人在那里生活过,某位伟人在那里端坐过,某位伟人在那里讲学过,我甚至特别重视瞻仰他们的坟墓。今后我会更加热爱这个地方,因为这是你的出生地。

西塞罗:所以,我很高兴向你介绍我的出生地。

第五节　天然祖国与公民祖国

阿提库斯：很荣幸了解你的出生地。但是，刚才你说这个地方——我理解你指的是阿尔皮奴姆——是你的真正祖国，你这话什么意思？难道你有两个祖国？或者只有一个我们共同拥有的祖国？难道智者加图的祖国，不是罗马而是图斯库鲁姆[1]？

西塞罗：确实如此，加图以及所有城市居民都有两个祖国：一个是天然祖国，一个是公民祖国。加图出生于图斯库鲁姆，后被赋予罗马公民权。从出生地来看，加图是图斯库鲁姆人；从公民权来看，加图是罗马人。因此，加图拥有一个出生地的祖国、一个法律上的祖国。同样，你们阿提卡的居民，在忒休斯[2]命令他们从乡村迁往城市之前，他们既是出生地的居民，也是阿提卡的居民。因此，我们既把出生之地视为祖国，也把接受我们为市民之地视为祖国。但是，在热爱程度上，我们必须把整个社会称为国家的那个祖国放在首位。因此，我们应当为之奉献我们拥有的一切，为之奉献全身心，为之奉献生命。但是，在我们心中，我们的出生地并不亚于接受我们为公民的祖国。因此，我永远不会否认这是我的祖国，尽管我承认另一个祖国更为伟大而且包括前者……[3]虽然具有两种身份，但却视为一种身份。

---

[1] 图斯库鲁姆，古意大利城市，距古罗马城东南约24公里，老加图出生地，西塞罗在这里建有别墅。——译注

[2] 忒休斯，又译"提修斯"等，传说中的雅典国王。根据传说，在忒休斯执政前，阿提卡地区居民大多数居于雅典周围的小镇和村庄。忒修斯把阿提卡地区的居民全部集中在城里，建成统一的雅典城邦。——译注

[3] 此处原文残缺不全。——译注

第三章　从朱庇特谈起

第六节　迷人之地

阿提库斯:所以说,我们的伟大朋友庞培的话是对的。我听说,他和你一起在法庭上为安皮乌斯〔1〕辩护时说:我们的共和国有充分理由要感谢这座城镇,因为这座城镇诞生了两位共和国的拯救者〔2〕。因此,我赞同你的说法,你出生的这个地方就是你的祖国。

我们已走到岛上了。真的,没有什么地方比这里更迷人了。你看,菲布瑞努斯河好似由船头均分为两条海峡,沿着两岸顺流而下,又迅速合流,留下这块大小适中刚好足以用作运动场的陆地,似乎其职责就是给我们设立坐下讨论的场

---

〔1〕 安皮乌斯(生卒不详),全名"提图斯·安皮乌斯·巴尔波斯",系西塞罗和庞培的支持者,公元前63年担任保民官,公元前59年担任裁判官,内战时站在元老院和庞培一边。此处案情不详。——译注

〔2〕 一个指马略,另一个指西塞罗。——译注

所,而后,它就立即冲入利里斯河——就像某个人放弃不太知名的姓氏,进入贵族家庭一样——也让利里斯河骤然变冷许多。我虽然见过许许多多河流,但是,从未触碰过这么冷的,几乎很难把脚伸入其中,就像苏格拉底在柏拉图的《斐德若篇》[3]所做的那样。

第七节　从不朽之神谈起

西塞罗:确实如此。不过,从我常听昆图斯说的来看,你们伊庇鲁斯的那条提阿弥斯河[4]的景色,同样迷人。

昆图斯:的确是这样。切不要以为有比我们的朋友阿提库斯的阿玛尔塔娅庙[5]及其悬铃木树更美的去处。不过,要是大家乐意,就坐在树荫下,回到我们刚才岔开的话题吧。

西塞罗:昆图斯,你是很细心的债权人——我原以为可以逃债,结果在你面前什么也逃不掉。

昆图斯:就开始吧。我们把今天全天都交给你。

西塞罗:就如我翻译的阿拉托斯[6]诗歌那样,“从朱庇特[7]开始歌唱”。

---

〔3〕《斐德若篇》,系柏拉图论述修辞术的经典著作。——译注

〔4〕伊庇鲁斯,古希腊西北部多山地区,提阿弥斯河流经其中部并注入伊奥尼亚海。阿提库斯在那里拥有庄园。——译注

〔5〕阿玛尔塔娅,又译“阿玛耳忒亚”,古希腊山羊女神。宙斯出生后,其母将其交给阿玛尔塔娅照顾,后者用其乳汁哺养宙斯。阿玛尔塔娅庙,系阿提库斯在提阿弥斯河畔为阿玛尔塔娅女神建造的庙宇。——译注

〔6〕阿拉托斯(公元前315年或公元前310年—公元前240年),古希腊学者和诗人,著有长诗《天象》,西塞罗青年时期将其译为拉丁文。——译注

〔7〕朱庇特,古罗马众神之王,对应古希腊众神之王宙斯。——译注

昆图斯:什么意思?

西塞罗:我们现在就要从朱庇特和其他不朽之神谈起。

昆图斯:好,兄长,非常好。

第四章　朱庇特的理性

第八节　终极之法

西塞罗：在谈论具体法律之前，我们再审视一下法之含义与本质。因为我们的一切讨论都以此为基础，所以，这样在讨论法律时，就不会时不时误用术语而产生歧义。

昆图斯：好！这个思路好！

西塞罗：我看到，非常著名的哲人认为：法，不是人之智慧的产物，不是人民大会的决定，而是借助允许和禁止做什么的智慧统治整个宇宙的永恒之物。他们认为，第一和终极之法，是神明用理性命令一切或行或止的理智。因此，法，乃神明赋予人类的，理应受到称赞；法，乃允许和禁止某种行为的智慧之物的理性与理智。

第九节　神明之法

昆图斯:这一点,你已谈过多次。请在探讨人类之法前,解释一下神明之法的含义,这样我们就不会陷入习惯的潮流而以日常用语的惯性予以理解。

西塞罗:昆图斯,从小我们就学会把“传唤到庭”以及其他类似的东西称为“法律”。事实上,法律,我们应当这样理解,是要求人们或行或止的命令,是拥有号召人们正确行事和阻止人们犯罪的力量。这种力量,不但早在人类社会和国家出现之前就存在,而且与统治、保护天地的神明同龄。

第十节　首要之法

西塞罗:神明理智不可能没有理性,神明理性也不可能没有确认正确与错误行为的能力。没有任何东西明文规定,应独自坚守大桥抵抗一切敌人并下令摧毁身后的桥梁,这并不意味着我们不应相信,著名的贺雷修斯·科克勒斯〔1〕就是按照英勇无畏的法律和指令做出如此伟大壮举的;在卢修斯·塔克文〔2〕统治时期,没

〔1〕 贺雷修斯·科克勒斯,古罗马共和国早期英雄。大约公元前509年,敌人侵犯罗马,贺雷修斯站在台伯河的一座大桥上以一当十阻挡敌军进犯,并下令砍断自己身后桥梁以阻止敌军进攻。——译注

〔2〕 卢修斯·塔克文·苏佩布(?—公元前496年),也称“小塔克文”“高傲者塔克文”,罗马王政时代第七任国王(公元前535年—公元前509年),罗马第五代国王卢修斯·塔克文·普里斯库斯(老塔克文)之子。塞克斯图斯·塔克文系卢修斯·塔克文·苏佩布之子。——译注

有任何成文法律规定禁止性侵犯罪,并不意味着塞克斯图斯·塔克文暴力性侵特里西皮提努斯[3]女儿卢克蕾媞娅[4]不违犯永恒之法。早已存在的源自大自然的理性,指引人们做出正确行为,阻吓人们实施犯罪行为。它,并非在成文的那一刻才成为法律,而是在产生的那一刻就已成为法律,是与神明理智一起产生的。因此,允许和禁止做什么的真正而首要的法律,是至高之神朱庇特的正确理性。

---

〔3〕 特里西皮提努斯,卢克蕾媞娅之父。据历史学家考证,系第一任罗马执政官选举的主持人,于公元前509年替补执政官职务。——译注

〔4〕 卢克蕾媞娅,又译"卢克蕾提亚""卢克丽缇娅""鲁克莱西亚""鲁克丽丝"等,罗马妇人。据传,公元前509年,被罗马第七任国王塔克文之子塞克斯图斯强暴后的卢克蕾媞娅,当着父亲特里西皮提努斯、丈夫卢修斯·塔克文·柯拉汀(又译"克雷提乌斯")以及其他亲友之面,将此事告知丈夫,请他报仇,然后当众自杀身亡。此事激起民愤,引发革命,使王政被推翻,古罗马进入共和国时期,布鲁图与柯拉汀共同担任第一任执政官。——译注

第五章　恶法非法

第十一节　真正之法

昆图斯：兄长，我同意你的观点，真正而正确的东西，就是永恒的，不会随成文法或生或灭。

西塞罗：因此，正如神明理智是至高无上之法一样，当人类具有成熟的理性后，它就会存在于智者的思想之中。为适应具体情况而以各种形式确立的各国立法规定，之所以称为法律，主要是因为立法者们的偏好，而不是因为它们真是法律。[1] 智者们教导说，凡是可以真正称为法律的东西，都是值得称道的，理由如下：毫无疑问，创设法律，就是为了公民的福祉、国家的安全和人类的安宁与幸福；那些首先颁布这类法律的人们，向人民宣称，他们将把让人民生活变得荣耀和幸福的东西予以明文立法并付诸实施；这样

---

〔1〕 此处前后原文均残缺不全，系根据上下文补译。——译注

制定颁布的东西，他们称为法律。由此可知，如果违背所作承诺，制定颁布的对人民有害的、不公的任何规定，就根本不是什么法律。从“法律”这个词本身的释义来看，可以明确，法律含有正确而公正地进行选择的意思。

第十二节 至善之物

西塞罗：这样吧，昆图斯，我将按照那些哲学家的方式问你：如果缺少某种东西，国家就会变得毫无意义，那么，这种东西是不是应视为一种善？

昆图斯：是的，应视为至善。

西塞罗：一个国家，要是没有法律，是不是也应视为毫无意义？

昆图斯：当然，应当如此。

西塞罗：那么，法律就应视为至善之一。

昆图斯：我完全同意。

第十三节 毒药非药

西塞罗：那各国人民通过的诸多有害的、危险的决定呢？这些东西，并不比强盗根据自身意愿作出的决定，更配称为法律。要是无知、无治疗疾病经验之人把毒药作为良药，这种药方就不能真正称为药方。同样，这种有害于国家的决定，即使得到人民的通过，也不能称为法律。因此，法律，是根据最古老的一切事物本源的自然本性，对正义与非正义的区分；人类之法，就是在自然本性的指导下，惩罚恶者，保护善者。

第六章　真正的法律

第十四节　不可废除之法

昆图斯：我完全明白了，如今我认为其他任何东西，都不应视为法律，也不配称为法律。

西塞罗：就是说，你不认为《阿普列尤斯法》和《提提乌斯法》是法律？[1]

昆图斯：我甚至不认为《李维乌斯法》是法律。[2]

西塞罗：正确。在元老院，仅用一行字，瞬间就否决了该法。对其意义我已作解释的真正法

〔1〕 指公元前100年保民官卢修斯·阿普列尤斯·萨图尔尼努斯提出的土地法和公元前99年保民官塞克斯图斯·提提乌斯提出的土地法。上述法案旨在保障平民权益但遭到贵族反对。萨图尔尼努斯于监禁在元老院期间被杀，提提乌斯因家里有萨图尔尼努斯的半身像被判处犯有叛国罪。——译注

〔2〕 指公元前91年保民官马尔库斯·李维乌斯·德鲁苏斯提出的法案，主要内容是要求分配土地、赋予意大利人公民权、改革审判制度等。李维乌斯遭杀害后，法案遭到否决，从而引发半个意大利反对罗马的“同盟战争”。——译注

律,既不能宣布无效也不能予以废除。

昆图斯:就是说,你要提出的,是那些永远不可能废除的法律?

西塞罗:当然是这样,只要你们会接受。我必须像柏拉图那样,在阐述法律前,先赞美法律。柏拉图,是最博学之人,是最伟大的哲学家,首先撰写了《理想国》[3],而后又撰写了《法律篇》[4]。我注意到,扎勒科斯和卡伦达斯也如此。他们为城邦立法,不是出于自己的兴趣和快乐,而是出于共和国的利益。柏拉图就是以他们为师的,认为法律的功能之一,就是靠说服赢得人们的认同,而不是靠武力和威胁强制一切。

第十五节　有否扎勒科斯其人无关紧要

昆图斯:为什么蒂迈欧[5]否认有扎勒科斯其人?

西塞罗:我觉得拥有不小威望而许多人觉得拥有很高威望的狄奥弗拉斯特,却认为有其人。扎勒科斯的同胞,我们的门客洛克里斯人[6],就常常提起他。无论是否有其人,无关紧要。要知道,我只是引述传说而已。

---

[3] 《理想国》,又译《国家篇》《共和国》等,系柏拉图代表作。——译注

[4] 《法律篇》,系柏拉图生前撰写的最后一部著作。——译注

[5] 蒂迈欧,又译“提迈奥斯”,系柏拉图著作《蒂迈欧篇》的主要对话人。根据该书,蒂迈欧是古希腊的意大利殖民城邦洛克里斯的公民,持毕达哥拉斯学派观点。——译注

[6] 西塞罗系洛克里斯人在罗马的保护人。——译注

第七章　法律的序言

第十六节　序言的内容

西塞罗:从一开始,就要让公民确立这种信念:一切的主人和统治者皆为神明,一切的发生皆为神明的意志和决定,神明极其善待人类,神明观察着每一个人是什么样的人、做什么、放任什么以及信奉宗教时是什么心态和目的,神明对善恶之人了如指掌。具有上述信念之人,不会背离正确而有益的教导。没有人会愚蠢狂妄到竟然认为,他拥有理性和理智,而上天与宇宙不拥有理性和理智,或者竟然认为,人的理性和理智几乎无法理解的事物,离开理性也可以运动,这难道还有什么疑问吗?要是不感恩日月星辰的运行、白昼黑夜的更替、一年四季的轮替以及供我们享用的庄稼的生长,如此之人难道还能称为人吗?由于一切拥有理性之物皆优于没有理性之物,由于不应认为有什么东西可以超越自然宇宙,就应当承认宇宙拥有理性。只要想想,有多少事情是依靠誓言确定的,宗教信仰对条约的信守多么重要,多少人因害怕惩罚而不敢作恶,有不朽神明担任裁决人或者见证人时公民之间的联盟是多么的神圣,有谁会否认上述信念很有用?用柏拉图的话来说,这就是法律的序言。

第十七节　形式上模仿柏拉图

昆图斯:兄长,确实如此,而且我特别高兴,如今你在这方面所说的已经不同于柏拉图。要知道,以前你所说的,与柏拉图所说的并无二致。在我看来,今天你只是模仿了柏拉图的说话风格。

西塞罗:但愿如此。但是,有谁能够模仿柏拉图呢?转述柏拉图的话很容易。我要是不想保持自我,完全可以亦步亦趋。用几乎一样的话转述,能有什么困难呢?

昆图斯:完全同意。正如兄长刚才说的,我希望你保持自我。现在就请兄长给我们讲讲宗教方面的法律吧。

第十八节　法律语言

西塞罗:好的,我将尽我所能。由于我们谈话的地点和内容都是私下的,我就用法律语言讲述这方面的法律。

昆图斯:什么意思?

西塞罗:昆图斯,有些用语,是专属的法言法语,虽然并非像古代的《十二铜表法》或者《神圣法》[1]那样古老的语言，但却是比我们聊天所用语言更为古老一点的、具有更高威信的语言。这样吧，我就采用这种语言，并尽可能做到言简意赅。我将摘其要者而言之，否则，就会没完没了。

昆图斯：确实必须如此，现在，我们洗耳恭听。

---

〔1〕《神圣法》，指公元前494年至公元前287年，在古罗马发生的5起平民反对贵族的撤离运动中，制定的设立平民保民官和保证平民保民官人身不可侵犯的法律。——译注

第八章　神明与祭司

第十九节　神明

西塞罗：应圣洁地奉祀神明，应虔诚地奉祀神明，应避免奢华排场，否则，神明将亲自惩处。

不得另奉神明，无论是新立之神还是外来之神，除非是得到国家认可的神明，但是，可以私下敬奉祖祖辈辈传下的神明。

在城市，应建造神庙；在乡村和住宅，应为家神建造圣林和祭坛。

应遵循祖先和家族的祭祀传统。

应敬奉得到普遍认可的天神和因品行优异而升天为神者——大力神海格力斯[1]、酒神利贝尔[2]、医神阿斯克勒庇俄斯[3]、骑士之神卡

〔1〕 海格力斯，又译“赫拉克勒斯”，古希腊神话中的伟大英雄，天神宙斯与阿尔克墨涅之子，天生力大无穷。——译注

〔2〕 利贝尔，古罗马酒神，亦为古罗马慷慨女神。——译注

〔3〕 阿斯克勒庇俄斯，又译“埃斯克莱庇厄斯”“埃斯库拉皮乌斯”等，古希腊医神，阿波罗之子。——译注

斯托尔、步兵之神波吕克斯[4]、守护之神奎里努斯[5]。此外,应敬奉一切能使人升入天堂的德行——智慧、美德、虔敬、诚信,应建造庙宇弘扬这些德行,但是,绝不能为恶行建造庙宇。应遵循神圣的礼仪。

第二十节　祭司(一)

西塞罗:节假日,不应争讼;应同做完工作的奴隶一起欢度节假日;应按照规定,每年有规律地欢度节假日;祭司应按照规定在特定日期公开献上特定的果物祭品,并在其他时候留有牛乳和幼畜等祭品。为防止出现有违典仪的情形,祭司应根据每年的节庆日,做好计划,安排好给每位神明的祭品。

不同祭司应奉祀不同神明:大祭司应奉祀所有神明;特定祭司应奉祀特定神明;罗马城的维斯塔贞女[6]应奉祀国家灶神,确保神庙之火永不熄灭。

第二十一节　祭司(二)

西塞罗:为使公私祭祀合乎典仪规矩,不懂者应向大祭司学习

---

〔4〕 卡斯托尔与波吕克斯,系宙斯与勒达的孪生子,前者系古罗马骑士之神,后者系古罗马步兵之神。卡斯托尔,又译“卡斯托耳”。波吕克斯,又译“波吕丢刻斯”“波吕尼刻斯”等。——译注

〔5〕 奎里努斯,既是古罗马人的守护神,又是萨宾人的战神。——译注

〔6〕 维斯塔贞女,系古罗马侍奉圣火维斯塔女神庙宇的女祭司。维斯塔女神,系古罗马的灶神、家庭女神。有6位处女祭司守护维斯塔女神庙宇,她们轮流守卫,保护火焰不熄。根据传说,只要维斯塔火焰不熄灭,罗马就能够永保风调雨顺。——译注

取经。大祭司分为三大类:第一类负责典礼仪式;第二类负责解释元老院和人民大会确认的占卜者和预言者的神秘难解的话语;第三类是国家占卜官,即至高至善的朱庇特神谕的解释者,负责根据吉凶兆预言未来。大祭司应维护祭祀规矩,应教导祭司,应为葡萄园、果园以及人民幸福发布预言,为军政长官预测吉凶并让他们言听计从,应预测、留意神明的不满,应观察特定区域[7]的电闪雷鸣等天象,应确保城市、田野以及庙宇具有无障碍的广阔观察视野。

凡占卜者宣布为不公的、亵渎的、罪恶的或者有害的,都不得执行;不从者,处以极刑。

---

〔7〕 古罗马的伊特鲁里亚人将天空分为16个区域,每个区域都由不同之神掌管。——译注

第九章　神明与祭祀

第二十二节　神明与祭祀

西塞罗：战争、和平、缔约、派遣使节等问题，应由外交祭司预测吉凶和作出判断。

奇事、征兆等，经元老院同意，应交由伊特鲁里亚[1]占卜者作出解释。伊特鲁里亚占卜者应向其首脑传授这门学问。对伊特鲁里亚占卜者推荐的神明，应虔诚奉祀；应由他们奉祀闪电以及闪电击中的任何东西。

除按照传统祭祀善良女神[2]外，女性不得在夜间祭祀。除按照希腊习俗祭祀丰收女神克瑞

---

〔1〕 伊特鲁里亚，系意大利中部古国，后并入古罗马。——译注

〔2〕 在古意大利，每年12月3日之夜，妇女均要祭祀善良女神玻娜，男子不得参加。另一说是，每年两次祭祀善良女神，均严格禁止男人参加。——译注

斯[3]的礼仪外,不允许她们向任何人传授祭祀礼仪。

不能赎罪的亵渎神明行为,均不得赎罪;可以赎罪的亵渎神明行为,均由国家祭司赎罪。

没有战车比赛和体能竞技的公共赛会,应以唱歌、弹琴和奏笛的方式称颂神明,并给人们带去欢乐。

应遵循祖先流传下来的最好仪式。

除伊达山大母神[4]的侍者可以在特定日子发起募捐外,任何人都不得发起募捐。

盗窃或者劫掠圣物或者存放于圣地的任何物品的,与弑亲者同罚[5]。

背信弃义者,神明惩罚是毁灭,人间惩罚是羞辱。

奸淫者[6],由大祭司处以极刑。

亵渎神明者,不得以祭品让神明息怒。

誓言应严格遵守,违者处罚。

不得向神明敬献土地,向神明敬献金、银或者象牙时应适度。

私人祭祀应永远保留。

亡灵羽化成仙,是神圣权利。善良者逝后应得道成仙。哀悼亡者,应有所节制。

---

[3] 克瑞斯,系罗马神话中的丰收女神。罗马克瑞斯神庙建于公元前496年,每年4月19日举行祭祀仪式。据传,克瑞斯教会人类耕种,给予大地生机;具有无边法力,可以使土地肥沃、植物茂盛、五谷丰登,也可以令大地枯萎、万物凋零、寸草不生;可以让人拥有享之不尽的财富,也可以让人家徒四壁、一贫如洗。——译注

[4] 伊达山在小亚细亚西部的弗里几亚境内,大母神指弗里几亚人崇拜的女神库柏勒。对库柏勒的崇拜,于公元前204年传入罗马。——译注

[5] 弑亲罪的处罚,系装进袋子投入江河淹死。——译注

[6] 此处指玷污维斯塔贞女。——译注

第十章　神明与真诚

第二十三节　最完美共和国的法律

昆图斯:兄长极其简明扼要地确立了这些重要法律。不过,我觉得,兄长确立的这些宗教法律,与努马的法律以及我们的习俗,并无多大区别。

西塞罗:在《论共和国》中,阿非利加努斯[1]显然已经说服我们,我们国家在古代是最完美的共和国,那你不认为必须为这个最完美的共和国制定相应法律吗?

昆图斯:是的,我认为应当这样。

西塞罗:那就必然期望拥有维护这种最完美共和国的法律。要是我今天阐述的法律内容,我们国家现在没有,以前也没有,那必定是与具有法律效力的古代习惯相吻合的。

---

〔1〕 指小西庇阿。——译注

阿提库斯:那请阐述吧,我肯定会赞成的。

西塞罗:阿提库斯,真的?你不会不同意?

第二十四节　心灵圣洁地奉祀神明

阿提库斯:在大的方面,我没有什么不同看法;至于小的方面,我就按照你的意愿,你说什么,我就同意什么。

昆图斯:我也一样。

西塞罗:我得提醒你们,我的解释要花很长时间。

阿提库斯:我们愿意听。难道还有什么事情,我们更乐意去做?

西塞罗:法律要求人们圣洁地奉祀神明,是指心灵,因为一切皆存于心灵之中。它没有强调肉体的圣洁,不过,我们应当明白,心灵远远重于肉体。奉祀神明,固然要肉体圣洁,但更重要的是心灵圣洁。要知道,肉体的污秽,可以用水冲洗,或者经过几日就会消失,但是,心灵的污秽,不会随岁月流逝而消失,也无法用任何河水洗刷。

第二十五节　虔诚而不奢华地奉祀神明

西塞罗:应虔诚,避免奢华,意味着真诚才能让神明喜悦,要避免不必要花费。也就是说,人们希望,无论贫穷还是富有,都应平等对待。既然如此,为何祭祀时要大操大办,从而为穷人祭祀设置障碍?祈求神明祈福的大门,不对所有人敞开,最令神明不悦。

至于由神明自己而不是法官进行惩处,似乎是为了借助面临即刻惩处的恐惧,强化宗教信念。

奉祀其他神明,无论是新立之神还是外来之神,都会导致信仰混乱,让祭司面临陌生祭礼。敬奉祖辈传下的神明,没有什么问题,因为这是祖辈遵循的法律。

第十一章　神明与庙宇

第二十六节　目之所及皆神明

西塞罗：我认为，城市应建造神庙。我不同意波斯巫师的如下观点：神明不应禁锢于庙墙之中，整个宇宙就是神明的庙宇和居所，敬奉神明的地方应是敞开而自由的。据说，薛西斯[1]就是听从这些巫师的建议，放火烧毁了希腊庙宇。

希腊人和我们罗马人的做法更好。为增强对神明的虔诚信仰，我们让神明居住在自己居住的城里。这种信仰有利于国家，正如极其博学的毕达哥拉斯所说的，参加祭祀活动，可以让我们的心灵拥有更为虔诚的信仰。古希腊七贤[2]之

---

〔1〕 即薛西斯一世(约公元前519年—公元前465年)，又译“泽克西斯一世”“泽尔士一世”等，波斯帝国皇帝(公元前485年—公元前465年)。希罗多德《历史》记载：公元前480年，薛西斯率波斯大军占领雅典，“杀死了所有雅典人，接着洗劫了神庙，然后焚烧了整个卫城”。——译注

〔2〕 古希腊七贤，古代希腊7位名人的统称，普遍认可的是泰勒斯和梭伦，其余有争议或者无法统一确定。——译注

首的泰勒斯[3]也说：人们应当相信目之所及皆神明，这样就会像身处神庙一样，心灵更为纯洁。人们认为，神明不仅在我们的心智里，而且在我们的眼睛里。

第二十七节　具有神性的灵魂

西塞罗：乡村圣林，也具有同样意义。因此，不应否定主人和奴隶对祖辈传下的置于农舍田庄的家神祭拜。

遵循祖先和家族的祭祀传统，几乎就是维护由神明传下的宗教礼仪，因为祖先最接近神明。

要求敬奉升天为神者，如海格力斯等，就是表明，人类灵魂不死，勇敢者、高尚者的灵魂具有神性。

第二十八节　应奉美德为神

西塞罗：神化智慧、美德、虔敬、诚信，是好事。在罗马，为这些品质建造了庙宇，目的是让具有这些品质的人——高尚者具有上述品质——深信，神明常驻于他们的心灵。

雅典人，在克里特人埃庇米尼得斯[4]的建议下，替基伦[5]事

---

〔3〕 泰勒斯(约公元前624年—公元前547年或公元前546年)，古希腊思想家、科学家、哲学家，誉为“科学和哲学之祖”。——译注

〔4〕 埃庇米尼得斯(生卒不详)，又译“埃皮门尼德”，克里特预言家、作家。——译注

〔5〕 基伦(？—约公元前621年)，又译“库隆”，古希腊雅典贵族。——译注

件举行赎罪仪式后，建造献给欺凌和耻辱的庙宇[6]，是错误的。应当奉美德为神，而不应奉丑恶为神。帕拉蒂尼山[7]上献给“寒热神”的古老祭坛和埃斯奎利诺山[8]上献给“厄运神”之类的祭坛等，令人恶心，都应拆除。为神明取名，应选择这类名称，如：“维卡波塔”——代表胜利、征服，“斯塔塔”——代表坚贞，“守护者”或者“不可战胜者”——代表朱庇特，诸如此类令人向往的名称如“安全”“光荣”“财富”“胜利”等。人们的精神，会因期望美好事物而振奋，因此，卡拉提努斯[9]奉“希望”为神，是正确的。可以有幸运之神或者今日之神——期望每一天都是幸运的，可以有机遇之神或者帮助之神——在不确定的事件中帮助我们，可以有初生幸运之神——从出生的那一刻起就帮助我们……[10]

---

〔6〕 公元前632年，基伦发动政变，企图建立僭主政治但失败。基伦逃亡，其支持者逃至雅典娜神庙避难。根据古希腊传统，任何人都不能加害逃至神庙者，否则，就会遭到雅典娜的诅咒。当时的主要执政官美伽克勒斯承诺，只要他们愿意走出神庙，就会得到宽恕，但是，这些人走出神庙后即遭屠杀。这就是“基伦事件”。当时的希腊人把此事视为最严重的“渎神”行为。雅典人心惶惶，担心神灵会迁怒于整个雅典卫城。恰巧随后雅典发生系列天灾。执政官美伽克勒斯是著名的阿尔克门尼德家族成员，是他违背宗教原则，下令在神面前杀死叛乱者，犯下渎神罪。因此，人们指责阿尔克门尼德家族为女神的罪人和被诅咒者。在惶恐下，雅典人的愤怒爆发，决定惩罚阿尔克门尼德家族，放逐他们全家族，并挖开坟墓，掘出了阿尔克门尼德家族先辈的尸体。对阿尔克门尼德家族采取一系列惩罚措施后，雅典又暴发一场瘟疫。最后，雅典人邀请预言家埃庇米尼得斯至雅典，净化这座受“污染”的城市。雅典人听取埃庇米尼得斯的建议，建造庙宇，献祭女神，请其息怒。之后，瘟疫逐渐得到控制。雅典人很感激埃庇米尼得斯，送其大量财富，但是，埃庇米尼得斯只拿走一株橄榄树。——译注

〔7〕 帕拉蒂尼山，是古罗马七座山丘中位处中央的一座，高约40多米。从山顶上往下望，一侧为古罗马广场，另一侧为大竞技场。根据古罗马传说，古罗马建国者罗慕路斯与雷穆斯兄弟婴儿时被抛弃在汹涌的台伯河中，后被河水冲到帕拉蒂尼山脚下。该山斜坡上有一个叫卢佩尔卡尔的洞穴，洞里一只母狼喂养他们，之后他们又为一名在斜坡上放养羊群的牧羊人所养育。古罗马就是以此坡地为中心向四周发展而成的。——译注

〔8〕 埃斯奎利诺山，古罗马七座山丘之一。——译注

〔9〕 卡拉提努斯(？—公元前216年)，又译“卡拉蒂努斯”，古罗马政治家、军事家，公元前258年、公元前254年先后担任执政官。在第一次布匿战争期间，卡拉提努斯奉“希望”为神并建造庙宇。——译注

〔10〕 此处原文残缺不全。——译注

第十二章　祭司与占卜官

第二十九节　祭祀规矩

西塞罗：在节假日，自由人就应停止争讼，奴隶就应停止劳作而休息。因此，应根据农时，做好计划，按照节点做完农务，以便欢度节假日。要计算好闰月等，才能按照规定献上祭品，该祭献幼畜时就祭献幼畜，该祭献某种作物时就祭献某种作物。在这方面，努马就做得非常出色〔1〕，但是，后来的大祭司由于疏忽失职就搞得一团糟〔2〕。

---

〔1〕 据说，努马担任罗马王政时代第二任国王后，改革当时混乱的罗马历法，将一年10个月改为12个月，并规定闰月。——译注

〔2〕 在古罗马，由最高大祭司掌管历法的计算等。有些掌管历法的最高大祭司，在盟友担任执政官的年份，硬插进一个月或者随意增加某些月份的天数，从而变相延长其任期；在非盟友尤其是仇敌担任执政官的年份，就减少补充月或者随意减少某些月份的天数，从而变相缩短其任期。由于古代信息传播方式并不发达，远离城邦的居民甚至无从知晓最高大祭司的上述决定。如此做法，造成民间契约的执行受到影响、祭祀节与斋戒日无法固定、本该在夏天的收获节竟跑到冬天。这种混乱局面，直至恺撒制定儒略历，才得以改变。——译注

大祭司和占卜官确定的祭祀规矩传统,如什么神明奉献成年牲畜、什么神明奉献幼畜、什么神明奉献母畜、什么神明奉献公畜等,总之,什么神明奉献什么祭品,不得随意更改。

规定不同祭司奉祀不同神明,有助于解释法律,有助于遵循祭祀仪礼。维斯塔贞女——这一名称来自希腊语,我们几乎照搬采用[3]——就是守护国家灶神,六位维斯塔贞女的职责都是奉祀灶神,因此,她们应时刻看护好灶火不让其熄灭。这样可以让女性向她们学习,明白可以做到保持贞洁。

第三十节　祭司职责

西塞罗:接下来的条款,不仅涉及宗教,而且涉及国家政治制度。没有主持国家祭祀典礼之人的指导,私人祭祀就不可能正确进行。没有贵族的智慧与威信,人民就无法维护巩固国家。统计祭祀类型时,不得遗漏一切正当的宗教典仪。有些祭司的职责,是主持典礼仪式,取悦神明。有些祭司的职责,是解释占卜者的预言。这种占卜者,为数不多,工作却无休无止,而且除他们外,没有人可以掌握这种事关社稷的预言。

第三十一节　最神圣的权力

西塞罗:最重要、最权威、最神圣的国家权力,就是占卜官的权

---

[3] "维斯塔",源自希腊语"赫斯提亚"。赫斯提亚,意为"炉"或者"炉边",是古希腊神话中的灶神、家庭女神和圣火女神。——译注

力。我这样认为,并非因为我是占卜官[4],而是因为我们必须这样看问题。我们想想,有什么权力,比解散最高长官已经召集的人民大会和立法会议或者撤销上述会议决定的占卜官权力,更为重要?有什么权力,比说一声"改至另一天"就可以中断已经开始之事的占卜官权力,更为威严?有什么权力,比命令执政官辞职的占卜官权力,更为显要?有什么权力,比允许或者不允许召集人民或者平民大会的占卜官权力,或者比废除未依法通过之法的占卜官权力,如占卜官团决定废除《提提乌斯法》的权力,既是执政官又是占卜官的菲利普斯[5]废除《李维乌斯法》的权力,或者比准许军事长官和内政长官采取行动的占卜官权力,更为神圣?

〔4〕 公元前53年,西塞罗当选罗马占卜官。——译注

〔5〕 菲利普斯,即卢修斯·马修斯·菲利普斯,公元前91年任排名第二的罗马执政官。——译注

第十三章　占卜的作用

第三十二节　关于占卜预言的分歧

阿提库斯：是的，我明白而且承认，你说的这些权力非常重要。不过，在你的同僚、杰出的占卜官马尔克卢斯[1]和阿皮乌斯[2]之间就存在巨大分歧。我读过他们的著作：一个人认为，预言是为国家利益而创设的；另一个人认为，占卜官确实有能力作出预言。我想知道你的看法。

西塞罗：我的看法？我认为，确实有希腊人称为“曼提克”的预言，而且涉及飞鸟以及其他征兆的部分就是占卜预言的学问。要是我们承认，

---

〔1〕 马尔克卢斯，即盖乌斯·克劳狄乌斯·马尔克卢斯，公元前50年任排名第二的罗马执政官。——译注

〔2〕 阿皮乌斯·克劳狄乌斯·普尔喀（？—公元前49年），公元前54年任罗马执政官，支持庞培反对恺撒，公元前49年在希腊去世。其祖父与其同名，于公元前143年任罗马执政官；其父亲与其同名，于公元前79年任罗马执政官；其叔叔盖乌斯于公元前92年任罗马执政官。著有献给西塞罗的《占卜法》。——译注

存在神明,神明意志统治宇宙,神明眷顾人类,神明为我们揭示未来的征兆,那么,我看不出有什么理由否认预言的存在。

第三十三节　占卜预言的两种作用

西塞罗:我所说的,都符合实际。因此,从中推导出的结论,是真实可靠的。事实上,无论是我们的共和国,还是其他王国或者民族,都存在与占卜官预言惊人一致的许多真实事例。要不是历代都证明占卜预言的可信,墨兰波斯〔3〕、波吕伊多斯〔4〕、莫普索斯〔5〕、安菲阿拉奥斯〔6〕、卡尔卡斯〔7〕或者赫勒诺斯〔8〕就不会享有如此崇高的声誉,弗里几亚人〔9〕、利考尼亚人〔10〕、基利基亚人〔11〕,尤其是皮西迪亚人〔12〕等众多民族就不可能把这一技艺传承到现在。要不是上述占卜预言家所说的真实可信,我们的罗慕路斯就不会在建城前先占卜预测吉凶,阿图斯·纳维乌斯〔13〕的名字就不会如此长存于我们的记忆中。不过,毫无疑问,由于年代久远

〔3〕 墨兰波斯,据传,系波吕伊多斯的曾祖父,古希腊著名预言家和医生。——译注

〔4〕 波吕伊多斯,据传,系古希腊科林斯的著名预言家和医生。——译注

〔5〕 莫普索斯,据传,系古希腊著名预言家。——译注

〔6〕 安菲阿拉奥斯,据传,系古希腊阿耳戈斯国王、著名预言家。——译注

〔7〕 卡尔卡斯,据传,系古希腊著名预言家、特洛伊战争中希腊联军的占卜师,曾预言特洛伊战争将持续十年之久。与莫普索斯在比试预言本领时失败,后忧伤而死。——译注

〔8〕 赫勒诺斯,据传,系古希腊著名预言家。——译注

〔9〕 弗里几亚人,位于今土耳其的古代亚细亚部落民族。——译注

〔10〕 利考尼亚人,位于今土耳其的古代亚细亚部落民族。——译注

〔11〕 基利基亚人,位于今土耳其的古代亚细亚部落民族。——译注

〔12〕 皮西迪亚人,位于今土耳其的古代亚细亚部落民族。——译注

〔13〕 阿图斯·纳维乌斯,系罗马王政时代安库斯国王时期的占卜官。——译注

以及人们不重视,占卜理论与技艺已经失传。因此,无论是否认曾经存在占卜技艺的观点[14],还是认为如今仍然存在占卜技艺的观点[15],我都不同意。在我看来,在我们祖先那个时代,占卜具有两种作用:偶尔用来化解国家危机,绝大多数时候是为了采取某种行动。

阿提库斯:我相信确实如此,我完全同意你的看法,请继续阐述。

---

〔14〕 疑似为马尔克卢斯的观点。——译注

〔15〕 疑似为阿皮乌斯的观点。——译注

第十四章　战争与夜间祭祀问题

第三十四节　战争与占卜问题

西塞罗:好,我继续,并将尽量简要一些。下面说说战争法。我们的战争法规定,在发动、进行和结束战争的过程中,正义与诚信具有无比重要的意义,而且应由国家官员对此进行解释。至于用动物内脏占卜、赎罪和涤罪的宗教仪式,我认为,我们的法律规定相当清楚明确。

阿提库斯:我同意你的看法。我们这次讨论的就是宗教问题。

第三十五节　夜间祭祀存废问题(一)

西塞罗:阿提库斯,我很想知道,接下来讨论的问题,你是同意还是反对?

阿提库斯:什么问题?

西塞罗：妇女夜间祭祀问题。

阿提库斯：我与你的看法一致，尤其是在庄重的公共祭祀的法律规定方面。

西塞罗：要是废除夜间祭祀，伊阿科斯、欧摩尔皮斯家族以及那些神圣的秘仪，怎么办？[1] 要知道，我们的法律，不仅是为罗马人民而创立的，而且是为一切高尚、风俗良好的民族而创立的。

第三十六节　夜间祭祀存废问题（二）

阿提库斯：我觉得，你是想为我们已接受的典仪作出限定。

西塞罗：对，我想作出限定。在我看来，你亲爱的雅典人创设了诸多独特的祭神秘仪，并将其融入日常生活之中，让我们这些野蛮、粗鲁的罗马人变得文明、温和，学会了真正的生活原则，不仅活着时快乐地生活，而且去世时也心怀美好愿望。至于夜间祭祀令我不快之处，喜剧诗人已有揭示[2]。要是罗马允许如此放纵行为，那个人[3]不知道会作出什么？那个人为了达到其淫荡的目的，曾经偷偷潜入参加神圣的仪式，而如此神圣的仪式，即使无意

---

〔1〕 伊阿科斯，对应古罗马神祇巴科斯，与祭神秘仪关联紧密。欧摩尔皮斯家族主持对伊阿科斯的祭祀，由妇女在夜间进行。——译注

〔2〕 指一些喜剧诗人在作品中对道德堕落现象尤其夜间祭祀中的淫乱放纵行为的嘲讽，例如，经常用不正常的夜间宗教庆祝活动解释私生子现象。——译注

〔3〕 指普布利乌斯·克洛狄乌斯·普尔喀（公元前92年？—公元前52年），公元前54年任罗马执政官的阿皮乌斯·克劳狄乌斯·普尔喀之弟。普布利乌斯为竞选保民官，让一个平民收养自己，放弃“克劳狄乌斯”姓氏而改为平民使用的“克洛狄乌斯”姓氏。公元前61年任罗马财务官，公元前59年任罗马保民官，公元前56年任罗马市政官。公元前62年，普布利乌斯男扮女装潜入时任罗马大祭司的恺撒家，参加只允许女性参加的女神祭祀秘仪，后遭西塞罗等指控当晚与恺撒妻子有染。当选保民官后，提议制定法律驱逐西塞罗。公元前52年，在罗马郊外阿庇安大道上被政敌杀死。——译注

瞥一眼,也是一种罪孽。

阿提库斯:这样吧,你就向罗马人提出你的这种法律,但请不要废除我们希腊人的法律。

第十五章　祭祀与音乐

第三十七节　破坏祭祀的行为

西塞罗：回头继续探讨我说的法律吧。毫无疑问，必须做出严格规定，让白昼的阳光和众人的目光守护妇女声誉，而且只能按照罗马法律传授克瑞斯祭祀仪式。我们祖先在这类事情上的严格规定，从元老院关于酒神节祭祀的古老决议[1]中可以看出，从执政官动用军事力量进行调查惩处的手段上可以看出。不过，从希腊中部底比斯[2]的狄阿冈达斯[3]立法规定永久废除夜间祭祀仪式来看，我们的法律并不严厉。古老

---

〔1〕 公元前186年，罗马元老院通过决议，禁止祭祀巴科斯，许多信徒遭处死。——译注

〔2〕 底比斯，又译“忒拜”，古希腊中部城邦，位于今希腊中部维奥蒂亚州。——译注

〔3〕 狄阿冈达斯，古希腊时代底比斯立法者，生卒不详。有人认为，此处的“狄阿冈达斯”，系底比斯将军帕冈达斯之误。——译注

喜剧中最机敏的诗人剧作家阿里斯托芬[4],曾经猛烈抨击陌生神灵以及夜间祭祀仪式,乃至在其作品中,萨巴兹乌斯[5]以及其他外来神明都受到审判并被驱逐出境。

对于无心犯下的、已经赎罪的破坏祭祀行为,国家祭司应当解除违反者对于受到惩罚的恐惧,但对放肆地、故意地触犯宗教祭祀行为,应当宣布为亵渎神明行为并严厉惩处。

第三十八节　音乐的作用(一)

西塞罗:公共赛会,分为剧场类和竞技场类。赛跑、拳击、角力和赛车等体能竞赛类项目,应当在竞技场举行。歌唱、弹琴、奏笛等比赛,应当在剧场进行,唯一的限制就是要符合法律规定的分寸。

我同意柏拉图的观点:没有什么比音乐更能柔化、温润人之心灵;很难说音乐对人之心灵的影响——好或者坏两个方面——究竟有多大。音乐,既可以激励萎靡不振者,也可以平息情绪激动者;既可以让人们放松,也可以让人们紧张。诸多希腊城邦认为,应当保留古代的雄壮曲调。这些城邦的音乐萎靡时,其精神状态也随之萎靡,或者如某些人认为的,萎靡之音,让城邦丧失斗志,抑或是这些城邦本已丧失斗志,故而沉溺于萎靡之音。

---

〔4〕 阿里斯托芬(约公元前446年—公元前385年),古希腊早期喜剧代表作家,雅典人,相传著有44部喜剧,享有“喜剧之父”之称。——译注

〔5〕 萨巴兹乌斯,又称“萨巴兹奥斯”,系弗里几亚神话中司职天空之神,对应希腊神话中的宙斯,在弗里几亚与色雷斯得到广泛崇拜与供奉,后影响遍及古希腊和古罗马。——译注

第三十九节　音乐的作用(二)

西塞罗:因此,这位希腊无比睿智博学之人担心希腊人走向这种堕落。他认为,音乐的改变,不可能不改变法律。[6] 但是,窃以为,对此,不必过于担心,也不能掉以轻心。我注意到,从前,李维乌斯[7]和奈维乌斯[8]的庄重音乐,深深打动人们;如今的音乐,却使人们摇头晃脑、扭脖瞪眼、嚎叫不已。古代希腊人严厉惩处此类行为,因为他们早已认识到,邪恶的欲望与理论会逐渐侵蚀公民的心灵,会突然摧毁整个城邦。据传,以严厉著称的斯巴达曾下令,扯断提谟修斯[9]竖琴上七根以外的琴弦。

---

〔6〕 参见柏拉图《理想国》《法律篇》相关章节。——译注

〔7〕 指李维乌斯·安德罗尼库斯(公元前280年?—公元前204年),古希腊人,古罗马诗人、剧作家,约公元前272年作为战俘来到罗马,后成为罗马元老李维乌斯的奴隶、家庭教师。将《奥德赛》译为拉丁文。公元前207年受大祭司团委托,撰写祭祀颂歌,庆祝第二次布匿战争转败为胜。——译注

〔8〕 格奈乌斯·奈维乌斯(约公元前270年—公元前204年或公元前201年),古罗马剧作家、诗人。——译注

〔9〕 提谟修斯(公元前5世纪左右),古希腊政治家、军事家。在对斯巴达的战争中任司令官,打败斯巴达,使雅典在第二次雅典同盟中居于盟主地位。据传,他给七弦琴竖琴增加了4根琴弦。——译注

第十六章　宗教仪式与亵渎神明的行为

第四十节　最好的宗教仪式

西塞罗：下一条法律是，应遵循祖先的最好仪式。雅典人向阿波罗神庙的皮媞娅求问应遵循什么样的宗教仪式时，得到的神谕是：遵循祖辈的习俗。雅典人再次前往阿波罗神庙，说明祖辈习俗千变万化后，求问在各种习俗中最应该遵循哪一种时，得到的神谕是：最好的习俗。毫无疑问，最好的习俗，就是最古老的、最接近神明的习俗。

除少数几天可以为伊达山大母神募捐外，我们废除了募捐。募捐，会让人们迷信，会让人们耗尽家财。

第四十一节　亵渎神明行为

西塞罗：盗窃圣物，或者盗窃存放于圣地的任何物品，均为亵渎行为，均应受到惩罚。许多寺庙都存在这种风俗。据传，亚历山大[1]曾把金钱藏于基利基亚索利城附近的庙宇里；杰出的雅典人克里斯提尼[2]因担心自身财产安全，曾将女儿嫁妆托付给萨摩斯岛[3]的朱诺[4]神庙。

至于伪誓和奸淫，此处无须作任何讨论。

亵渎神明者不得以祭品让神明息怒的原因，可以看看柏拉图是怎么说的。他认为，没有任何高尚之人会期待收到邪恶之徒的礼物，因此，对于神明的态度，不要有任何怀疑。

关于严格遵守誓言，法律已作充分说明……[5]誓言，是我们向神明作出的承诺。对于亵渎宗教的处罚，不存在任何异议。既然如此，我何必在此处列举犯罪者的悲剧命运呢？不过，我可以列举一些大家熟悉的近例。尽管我所列举的，并非善终之人，但是，与你们对话，我不会吞吞吐吐。唯愿我所说的，可以愉悦不朽神明，但不会触犯众怒。

---

〔1〕亚历山大（公元前356年—公元前323年），马其顿王国（亚历山大帝国）国王（在位时间：公元前336年—公元前323年），师从亚里士多德，世界杰出军事家、政治家。公元前335年统一古希腊。公元前334年起率军东侵，在13年内征服了约500万平方公里领土，建立起西起希腊、马其顿，东至印度河流域，南临尼罗河第一瀑布，北至锡尔河的当时领土面积最大的马其顿大帝国。——译注

〔2〕克里斯提尼（公元前6世纪），古希腊雅典城邦著名政治改革家。公元前509年联合平民推翻贵族统治，当选为首席执政官。在梭伦改革的基础上，再次实行社会改革，后遭贵族反对派放逐。——译注

〔3〕萨摩斯岛，希腊岛屿，位于爱琴海东部。——译注

〔4〕朱诺，罗马神话里的天后，朱庇特之妻，集美貌、温柔、慈爱于一身，对应希腊神话中的赫拉。此处疑为赫拉之误。——译注

〔5〕此处原文残缺不全。——译注

第十七章　神明的惩罚

第四十二节　不仅仅是身败名裂

西塞罗：在我被放逐时期，所有的宗教法都被堕落公民破坏；我家守护神遭到凌辱，有人在我家守护神祭坛原址上建立了一座放纵女神庙，而保护我家守护神祭坛之人却被赶走[1]。请大家稍稍想想——此处指名道姓没有任何意义——这种人的如此行为产生了怎样的后果。即使我的一切财产被人窃取、毁坏，我也绝不允许这座城市的守护神遭到邪恶之人的亵渎，因此，我把密涅瓦女神[2]雕像从我家送到她父亲家[3]。我，已经由元老院的实质上是意大利的

---

〔1〕 公元前57年至公元前56年，西塞罗被放逐，房屋被焚毁，提出制定该放逐法的普布利乌斯·克洛狄乌斯·普尔喀在原址建立了一座女神庙，西塞罗嘲讽该庙为放纵女神庙。——译注

〔2〕 密涅瓦女神，古罗马神话中的智慧女神，对应古希腊的雅典娜女神。——译注

〔3〕 西塞罗遭放逐离开罗马前，将自家的密涅瓦女神像转移至卡匹托尔山上的朱庇特神庙。——译注

乃至是各民族的决议认定,拯救了国家。难道有人还能获得比这更大的荣誉吗?那些犯下恶意践踏、破坏宗教法的人们,除已经被挫败而作鸟兽散者外,为首作恶者和犯下最大亵渎宗教罪行者[4],不仅在生前遭到身败名裂的惩罚,而且死后也被剥夺葬礼待遇。

第四十三节　不能贿买的神明判决

昆图斯:兄长,这些情况,我知道,感谢神明,不过,似乎世事常常难以预料。

西塞罗:昆图斯,那是因为,我们没有正确理解神明惩罚的含义,民众的看法把我们引入歧途,我们无法看清真相。我们是用死亡、肉体痛苦、内心煎熬或者法院判决衡量人的幸与不幸。我承认,此乃人之常情,善良之人也会遭遇如此情形。犯罪的刑罚是残酷的,除惩处的后果外,犯罪本身就是巨大的惩罚。我们看到有些人,要不是他们仇视祖国,就永远不会成为我们的敌人。这些人,时而贪婪,时而恐惧,时而受到良心的谴责,时而畏惧众神,或者是这样,他们时而蔑视宗教法规,时而蔑视法院判决,不过,他们可以贿买推翻的,是人间判决,而不是神明判决。

---

〔4〕 指普布利乌斯·克洛狄乌斯·普尔喀等人。公元前52年,克洛狄乌斯竞选裁判官时,被计划竞选执政官的政敌米洛手下角斗士杀死于罗马阿庇安大道上。——译注

第四十四节　双重的神明惩罚

西塞罗：好了，我就此打住，不再多说他们，我已经报仇雪耻，何况他们遭受的惩处超出我所希望的。我只想简要说说，神明惩罚是双重的，终身的精神折磨，还有死后的声名狼藉：生者不仅赞同判处他们极刑而且为之欢呼。

第十八章　祭品与祭祀法律问题

第四十五节　柏拉图的观点

西塞罗:关于禁止向神明敬献土地的规定,我完全同意柏拉图的观点。如果我能正确翻译的话,他说:

“土地,就像家庭的炉灶一样,是献给一切神明的。因此,任何人都不得再次敬献土地。城邦的金与银,无论是私有的还是寺庙的,都会引起妒忌。象牙,是从尸体上取下的,用来敬献神明,是不够纯洁的。铜与铁,是战争武器,不适合神庙。如果人们愿意,以木料制作的木制品,甚至以石头制作的石制品,或者以羊毛制作的织物,只要所耗不超过一名妇女一个月的劳动量,都可以敬献给神明。白色,最适合神明,可用于所有祭品,尤其是织物。祭品不必着色,除非用于作战旗帜。最神圣的祭品,就是鸟类以及一名画家一日可以完成的画作。其他祭品也应如此处理。”[1]

这些就是柏拉图的观点。我对其他祭品不作如此严格的要求，因为我考虑到，一是人性存在弱点，二是我们这个时代的资源有限。但是，我担心，在土地的利用与耕作方面的迷信一旦增长，农业就会走向衰落。

阿提库斯：你所说的，我理解。现在还剩下祭祀传承问题和亡灵成仙问题。

西塞罗：阿提库斯，你的记忆力真是惊人！我完全忘记了这些问题。

第四十六节　法律原理至关重要

阿提库斯：我相信是这样吧。不过，我可记得这些问题，期待你进行解释，因为这些问题尤其与大祭司法和市民法有关。

西塞罗：确实如此。就这些问题，博学之人著书立说甚多。于我而言，无论我们的讨论涉及什么法律问题，都将尽力阐述其中的市民法问题。不过，我阐释的目的，只限于让人们了解法律原理，以便今后不管遇到什么案件或者法律难题，只要运用自身智慧，都不难找到相应的法律规则，都不难找到解决问题的思路。

[1] 参见柏拉图：《法律篇》。——译注

第十九章　人为复杂化的问题

第四十七节　斯凯沃拉的观点(一)

西塞罗：法学家们，或是为了显示自身知识渊博得能够解答深奥问题，就有意把问题复杂化，或是不善于传道授业解惑——作为老师，不仅要知道这些知识，而且要知道如何传授给他人——事实上这种可能性更大，因此，常常把某个问题人为分解为诸多方面，让人听得云里雾里。

例如，你提出的问题，两位斯凯沃拉[1]，尽管这两人既是大祭司又是法学家，就把它们搞得很庞大很复杂！普布利乌斯之子[2]说："我常常听我父亲说：不精通市民法，就不能成为优秀的

---

〔1〕 指普布利乌斯·穆西乌斯·斯凯沃拉(？—约公元前115年，公元前133年任罗马执政官)及其子昆图斯·穆西乌斯·斯凯沃拉(公元前95年任罗马执政官，西塞罗的法学老师)。两者均曾担任古罗马大祭司。——译注

〔2〕 即指昆图斯·穆西乌斯·斯凯沃拉。——译注

大祭司。"是整个市民法吗？为什么必须如此？为什么大祭司要了解与宗教没有任何关系的隔墙法、檐水法或者其他法律问题？事实上，宗教法的范围很小，涉及的是祭祀、誓言、节庆、坟地以及其他类似问题。为什么要把这些问题搞得那么庞大复杂？除祭祀礼仪外，其他问题都微不足道。祭祀礼仪，虽然意义重大，但是，可以简化为一条原则：应永远保留、代代相传，就如我提议的那样作出规定：祭祀应永远保留。

第四十八节　斯凯沃拉的观点(二)

西塞罗：可是，遵循大祭司们的权威，人们作出了如下规定：为了家长去世后祭祀礼仪不会失传，家长去世后的遗产继承人也应负有主持祭祀礼仪的责任。如此规定，虽然足以让人理解相关原理，但是，却衍生了无数问题与规则，充斥着法学家的著作。例如，谁应承担祭祀责任？首先，最适合承担这种责任的，是继承人，因为没有哪个人比他更适合接替去世者。其次，是在家长去世后根据法定继承或者根据遗嘱继承获得的财产相当于所有继承人所获遗产总和之人。这也很合理，因为符合基本原则。再次，倘若没有继承人，就由根据占有而取得去世家长最多财产份额之人承担这种责任。又次，倘若没有人继受去世者的任何财产，就由获得去世者最大份额财产的债权人承担上述责任。最后，由未向任何人偿还债务的去世者债务人承担责任，因为其应被视为取得该笔财产。

第二十章　财产与祭祀义务

第四十九节　祭祀义务的来源

西塞罗:这就是我们从斯凯沃拉那里学到的东西,尽管古代法学家不是这样阐述的。古代法学家是用如下语言阐述的:负有祭祀义务的来源,有三种:因法定继承而负有,因取得最大份额财产而负有,或者因债权、债务而负有。

第五十节　两位大祭司的观点(一)

西塞罗:权且让我们遵循两位大祭司的观点吧。正如我们看到的,一切都与如下事实有关:两位大祭司认为,祭祀礼仪与财产相关,应由财产继受人承担祭祀责任。

两位大祭司还认为:要是遗嘱未注明扣除部分的遗产,受遗赠者自愿取得少于留给继承子嗣遗产的财产，受遗赠者就不负有祭祀礼仪责任。但是，关于财产赠予情形，两位大祭司的解释，又不同：家长属下的任何人作出的赠予，只要家长同意，均有效，但是，家长不同意，则无效。

第五十一节　两位大祭司的观点(二)

西塞罗：上述解释，产生诸多小问题：任何聪明之人，只要注意义务来源，就可以免除自身承担祭祀义务的责任。例如，为了避免承担祭祀义务，可以先接受较少的财产，而后由继承人取得其所放弃的部分。如此这般，先后取得的财产总和，就不会少于留给去世者继承人的财产，但是，去世者继承人却要承担祭祀义务。

两位大祭司还认为：倘若想获取较大份额财产而又不必承担祭祀义务，可以借助买卖形式免除去世者继承人的付款义务。如此这般，该笔财产就不属于遗赠财产，如同从未作出遗赠一样。

第二十一章　祭祀法与市民法

第五十二节　与两位大祭司商榷(一)

西塞罗:在这个以及其他诸多问题上,我想请教两位斯凯沃拉——他们都是大祭司,都是我认为极其睿智的学者——你们为何要把市民法纳入祭祀法?要知道,你们主张的这种理论,在某种程度上实质上是用市民法取代祭祀法。因为在这种情形下,祭祀责任与财产的联系,不是源自法律规定,而是源自大祭司的决定。倘若你们仅仅是大祭司,你们就只拥有大祭司的权威。但是,因为你们也精通市民法,你们就用此法捉弄彼法。

第五十三节　与两位大祭司商榷(二)

西塞罗:两位大祭司斯凯沃拉和提贝留斯·

克伦卡尼乌斯[1]以及其他人都认为,那些获取的财产与所有继承人继承的财产总和相等之人,应当承担祭祀责任。我们已经有大祭司法,为何还要补充适用市民法?财产分配条款规定得很严谨,要求扣除100塞斯特提[2],因此,已经有解除祭祀责任的方法。可是,好像遗嘱人不想扣除,作为法学家的大祭司斯凯沃拉就非要建议此人接受少于继承财产总额的财产。从前,法学家们曾建议,无论获取多少财产,均应承担祭祀责任;如今,法学家们又要免除祭祀责任。免除这种责任,与祭祀法完全无关,而与市民法直接相关:通过设定买卖行为免除继承人的付款义务,这样就如同该财产未作遗赠,甚至是如同受遗赠人确定遗赠财产就是继承人的欠款……[3]

第五十四节　德西穆斯·布鲁图斯的观点

西塞罗:……[4]德西穆斯·布鲁图斯[5]无疑是博学之人,是阿基乌斯[6]的密友——但是,我相信,正如古人把二月视为一年最后一月一样,他把十二月视为一年最后一月。他认为,祭祀亲人的祭品尽可能丰富,是虔诚的体现。

---

[1] 提贝留斯·克伦卡尼乌斯(?—公元前241年),公元前279年任罗马执政官,公元前254年任罗马第一位平民大祭司,第一位公开讲授罗马市民法的法学家。——译注

[2] 塞斯特提,古罗马货币单位。——译注

[3] 此处原文残缺不全。——译注

[4] 此处原文残缺不全。——译注

[5] 德西穆斯·布鲁图斯(?—公元前43年),公元前138年任罗马执政官。——译注

[6] 阿基乌斯(公元前170年—公元前85年?),古罗马诗人、剧作家。——译注

第二十二章 葬礼的意义

第五十五节 坟地的意义

西塞罗：虔敬坟地意义重大。人们认为，将死者葬于家族坟地之外，天理难容。在古代，奥卢斯·托尔卡图斯曾针对波皮利乌斯家族作出如此判决。[1] 我们祖辈要是没有把离世之人归入神明之列，就不会把“德尼卡勒斯”（“殡葬”之意）称作节日——该词源自“涅克斯”（“死亡”之意），因为这是献给死者的——而只会把献给其他神明的休息日称作节日。法律规定，这种祭祀节日安排，既不与公共节日相冲，也不与私人节日相冲。祭祀法的整体规定表明，宗教祭祀极其重要。因此，没有必要规定，家庭服丧期何时结束，祭献家神的羊腿祭品该如何，割下的骨头该

---

[1] 奥卢斯·托尔卡图斯，似指公元前244年、公元前241年两次担任罗马执政官的奥卢斯·曼利乌斯·托尔卡图斯。——译注

如何埋葬[2]，用猪祭祀应遵循什么规矩，从何时起埋葬地可以称为坟墓并受到宗教保护。

第五十六节　最古老的葬礼

西塞罗：据我所知，最古老的殡葬仪式，就是色诺芬[3]笔下的居鲁士[4]葬礼：将其尸体归还大地，放置妥当，埋上土，就像是裹上了母亲的衣被。据传，我们的国王努马也是这样埋葬在距泉水祭坛[5]不远的坟墓里。科尔内利乌斯家族[6]直到如今仍然采用这种殡葬形式。苏拉获胜后，命令把已经安葬的盖乌斯·马略遗骨挖出，抛到阿尼奥河[7]。要是苏拉理智多些、愤怒少些，就不会被仇恨驱使做出如此之事。也许是担心自己死后尸体也会有如此遭遇，在科尔内利乌斯这个显赫家族中，苏拉是第一个要求死后尸体火化之人。

---

[2] 在火葬习俗确立后，古罗马仍然保留土葬残余，即将死者手指割下（割下的骨头）埋进土里。——译注

[3] 色诺芬（约公元前440年—公元前355年），苏格拉底的学生，古希腊历史学家、思想家，军事才能突出，著有《长征记》等。其著作《居鲁士的教育》详细记载了居鲁士的葬礼。——译注

[4] 即居鲁士大帝（公元前600年—公元前530年），波斯帝国皇帝，曾统一古中东部分地区，建立从印度到地中海的特大帝国，当代伊朗人尊其为“伊朗国父”。——译注

[5] 泉水祭坛，位于古罗马城内。——译注

[6] 科尔内利乌斯家族，又译“科尔涅利乌斯家族”，是罗马最古老、最有政治影响力的六个家族之一，直至拜占庭帝国时代还有人活跃在政坛。从罗马共和国早期至帝国末期，科尔内利乌斯家族至少有75人曾担任罗马执政官，其中包括西庇阿、秦纳、苏拉等。培育了古罗马改革派政治家格拉古兄弟的科涅莉娅也出自该家族，系西庇阿的女儿。——译注

[7] 阿尼奥河，系罗马城旁的台伯河支流之一。——译注

第五十七节　埋葬的意义

西塞罗：恩尼乌斯[8]的著作说，阿非利加努斯[9]“就躺在这里……”他说得很对，因为人们认为，被埋葬之人是“躺着”的。但是，只有在举行葬礼并用猪献祭后，才能说是墓地。如今通常认为，一切在坟中之人都是“已埋葬”，但是，在过去，只有尸体盖上泥土的，才是已埋葬，并得到大祭司法的认可。这是因为，在泥土草皮覆盖尸骨前，焚尸之处并非神圣之所。只有在遗骨撒上泥土后，才算是埋葬，才能认为是坟墓。只有在此之后，才受各种宗教法的管辖。

普布利乌斯·穆西乌斯·斯凯沃拉认为，倘若有人在船上被杀，而后被抛进大海，其家庭是洁净的，因为死者尸骨没有躺在地上，但是，继承人有责任用猪祭祀，进行三天哀悼，并用母猪举行净赎礼。倘若有人丧生大海，除净赎礼和三天哀悼外，其他一切如常。

---

〔8〕恩尼乌斯(公元前239年—公元前169年)，古罗马诗人、戏剧家，曾随大西庇阿参加第二次布匿战争，在古罗马文学史上占有重要的地位，很受西塞罗敬重。——译注

〔9〕似指大西庇阿(公元前235年—公元前183年)，全名为“普布利乌斯·科尔内利乌斯·西庇阿”，古罗马统帅、政治家。他是第二次布匿战争中罗马方面主将之一，由于西庇阿的胜利，罗马人以绝对有利的条件结束第二次布匿战争，因此，西庇阿获得“阿非利加努斯征服者”称号。——译注

第二十三章　葬礼的限制（一）

第五十八节　《十二铜表法》：不得在城内埋葬或者火化

阿提库斯：我已经明白大祭司法的这些规定，我还想知道有没有其他规定。

西塞罗：阿提库斯，有，但不多，而且我相信你们都知道。不过，它们与其说是涉及宗教问题，不如说是涉及坟墓法律地位问题。《十二铜表法》规定：“不得在城内埋葬或者火化死者。”我想：也许是火灾危险之故。之所以补充说“或者火化”，系表明埋葬并非指火化而指入土安葬。

阿提库斯：为何《十二铜表法》颁布后，许多著名人士还是在城内埋葬？

西塞罗：阿提库斯，我想，要么是在这个法律颁布前，有些人功绩卓卓而后代享有特权，如普布利科拉[1]或者图贝尔图斯[2];要么是有些人功绩卓卓而免除遵守法律的义务,如盖乌斯·法布里基乌斯[3]。正如法律禁止在城内埋葬死者一样,大祭司团也曾决定不得在公共土地上建立坟地。大家知道科林尼门外的荣誉神庙,据说,此处曾有祭坛,祭坛上有一块小板,上写“献给荣誉之神”。这表明是为荣誉之神而建的庙宇。那个地方曾有许多坟墓都被挖走,因为大祭司团认为,公共土地不能用于私人祭祀。

第五十九节　《十二铜表法》:节制丧葬费用与哀悼

西塞罗:《十二铜表法》还有节制丧葬费用和哀悼的规定,它们几乎承袭梭伦之法。它规定:“不得超过此限,不得用斧头把葬柴削平。”其余规定,大家都知道,因为我们童年时都把《十二铜表法》当作必须遵守的规则学习过。但是,如今再也没有人学习它了。它规定,花费限于:三幅头巾、一件绛红衣衫和雇用十个吹笛手。哀悼也有限制:“下葬时,妇女不得抓破面颊,不得过度恸哭(“莱塞姆”[4])。”古代诠释家塞克斯图斯·埃利乌斯[5]和卢修斯·阿基利乌斯[6]说不甚明了其含义,但猜测“莱塞姆”可能是丧服。卢修

---

〔1〕 普布利科拉,似指传说中的普布利乌斯·瓦莱里乌斯·普布利科拉,系驱逐罗马王政时代最后一任国王小塔克文的关键人物。人民信任他,称其为“普布利科拉”,即“人民之友”之意。——译注

〔2〕 图贝尔图斯,似指普布利乌斯·波斯图弥乌斯·图贝尔图斯,公元前505年、公元前503年任罗马执政官。——译注

〔3〕 盖乌斯·法布里基乌斯,公元前282年、公元前278年、公元前273年任罗马执政官。——译注

〔4〕 莱塞姆是拉丁文“lessum”的音译。——译注

〔5〕 塞克斯图斯·埃利乌斯,古罗马早期法学家。——译注

〔6〕 卢修斯·阿基利乌斯,古罗马早期法学家。——译注

斯·埃利乌斯[7]认为,“莱塞姆”就是字面含义所表示的,指悲伤的哀哭,我认为,这一解释正确,因为梭伦之法也禁止如此。这种规定值得称赞,并且穷富一视同仁,完全符合自然,即死后财产差别归零。

---

〔7〕 卢修斯·埃利乌斯(约公元前150年—公元前90年),古罗马法学家,西塞罗的老师。——译注

第二十四章　葬礼的限制（二）

第六十节　《十二铜表法》:取消某些丧葬风俗

西塞罗:《十二铜表法》还取消了其他诸多徒增悲伤的丧葬风俗,例如:“不得收集死者遗骨以备葬礼”,除非死者系战死沙场或者国外。该法还规定……[1]“禁止让奴隶抹油膏,禁止大规模聚餐饮酒。”这些规定,很正确。如果这些东西以前不存在,就不会作出禁止。至于“不得使用昂贵的香水、巨大的花冠和香炉”等,略过不谈。有证据表明,荣誉奖赏也适用于逝者。因功勋而获得的花冠,可以献给逝者及其父母而不受惩罚。我猜测,这是因为存在数度为逝者举行葬礼和摆宴聚餐的做法,所以,才对此作出规定。应注意,这部法律规定“不要敬献金子”后,又非常人道地

---

〔1〕 此处原文残缺不全。——译注

补充规定:“倘若逝者镶有金牙,进行埋葬或者火化时,不应视为犯法。”再次提醒大家注意,埋葬和火化是不同概念。

第六十一节 《十二铜表法》:关于坟地的规定

西塞罗:还有两条有关坟地的立法:一条涉及私人住宅,另一条涉及坟地本身。一是“未经主人同意”,禁止“在距他人住宅不足六十尺之处进行火化或者设立新坟,除非主人同意”这一规定,显然是担心引起火灾。二是禁止“通过占有而取得坟坪——坟墓入口处和坟墓的所有权”这一规定,显然是为了保护坟地权利。

《十二铜表法》的上述规定完全符合自然,而这就是法律的标准。其他一些规定,则是习惯问题,例如:倘若葬礼伴有表演,应予以公告;丧礼主持人应当有随扈;应当在公共会议上称颂杰出人物的功绩,并伴以笛子吹奏的哀乐。这种音乐称为“涅尼艾”[2],希腊人甚至用这个词称呼各种哀乐。

---

〔2〕 涅尼艾,系拉丁文“*neniae*”的音译,意为“哀乐”。——译注

第二十五章　葬礼的限制（三）

第六十二节　坟地不应奢华

阿提库斯：很高兴，我们的法律符合自然；很钦佩，我们祖先拥有这样的智慧。不过，我希望，建造坟墓，也要像其他方面一样，存在限制费用的规定。

西塞罗：说得很好。我相信，大家从盖乌斯·菲古卢斯[1]的坟墓就可以看出，花费何等巨大，实乃奢华典型。但是，从我们祖先的坟墓来看，在过去，这方面几乎没有什么奢华的欲望。我们的法律解释者，应当从要求避免典仪奢华和不得过度哀悼的法律原则中，作出如下解释：坟地规模应缩小。

---

〔1〕 盖乌斯·菲古卢斯，似指盖乌斯·马尔库斯·菲古卢斯（生卒不详），公元前64年担任罗马执政官。——译注

第六十三节　编造故事颂扬逝者系亵渎行为

西塞罗:睿智的立法者从未忽视上述东西。据传,雅典的丧葬习俗源自刻克洛普斯[2]:亲人去世后,先下葬、埋土,种上庄稼,让逝者就像躺在母亲怀抱中憩息一样,待土地用谷物净赎后继续为生者所用;然后是聚餐,亲朋好友头戴花冠参加;可以颂扬逝者,但要真实,因为编造故事视为亵渎逝者。至此,葬礼举行完毕。

第六十四节　梭伦:关于葬礼的立法

西塞罗:但是,后来,正如法勒鲁姆的德米特里[3]所撰述的,葬礼极其奢华,人们过度恸哭,最终梭伦之法对此作出限制。我们的十人委员会[4]几乎照搬梭伦之法的这一规定,将其纳入《十二铜表法》第十表。"三幅头巾"和其他诸多规定,都是梭伦作出的;关于哭泣,原文就是这样的:"下葬时,妇女不得抓破面颊,不得过度恸哭。"

---

〔2〕 刻克洛普斯,传说中的雅典第一位国王。——译注

〔3〕 法勒鲁姆的德米特里(公元前350年—公元前280年),又称"法勒鲁姆人德米特里",出生于古希腊港口城市法勒鲁姆,雅典演说家、政治家、哲学家、作家。狄奥弗拉斯特的学生,早期逍遥学派成员之一,第一个汇编《伊索寓言》之人。接受马其顿国王卡山德的授权,成为雅典僭主,治理雅典10年,对法律进行重要改革,直至公元前307年遭反卡山德势力驱除出境。——译注

〔4〕 公元前452年,古罗马平民与贵族同意组成十人委员会进行立法并行使执政官权力。公元前451年,成立第一个十人委员会。公元前450年,成立第二个十人委员会。第二个十人委员会制定了《十二铜表法》。但是,任期届满后,十人委员会成员拒绝离职或者让继承人继承职位。"维尔吉尼娅事件"激起人们反对十人委员会的暴政。公元前449年,十人委员会成员被迫同意放弃职位。——译注

第二十六章　葬礼的限制（四）

第六十五节　梭伦:关于坟墓的立法

西塞罗:关于坟墓,梭伦之法仅有如下规定,“任何人不得毁坏坟墓,或者把陌生尸体埋在里面”,对“玷污、推倒、捣毁坟墓或者墓碑者”予以惩罚。稍后,由于坟墓规模扩大——如今在凯拉摩斯湾[1]就可以看到这样的坟墓,梭伦之法又规定:“不得建造超过十人三天劳动量的坟墓”,不得粉刷装饰坟墓或者竖立赫尔墨斯柱[2];不得发表颂扬死者的演说,除非举行公共葬礼并且只能由官方确定之人发表。此外,不得大量聚集男男女女,目的是减少哭泣,因为人员聚集会加重悲伤程度。

---

〔1〕 凯拉摩斯湾,古希腊地名。——译注

〔2〕 赫尔墨斯,古希腊神话的商旅、畜牧之神和路神,也是众神使者,奥林匹斯十二主神之一。古代雅典阿提卡大道上竖有赫尔墨斯石柱,雅典城中路口转角处亦竖有赫尔墨斯石柱。其石柱上部刻有赫尔墨斯像等。——译注

第六十六节 德米特里:关于葬礼与坟墓的立法

西塞罗:正是这个缘故,庇塔库斯[3]禁止任何人参加不是其家人的葬礼。但是,据德米特里说,古希腊的葬礼之奢华和坟墓之奢侈,就像如今的罗马一样,于是,他立法限制这种习俗。如大家所知,德米特里不仅是学识渊博之人,而且是具有丰富的国家管理经验并作出杰出贡献之人。为减少丧葬开销,他不仅制定惩罚措施,而且对下葬时间作出限制,要求黎明前必须出殡。他对新建坟墓也作出了限制:除不得竖立高于三肘[4]的柱子、台子或者水池外,不得竖立任何高出坟堆的东西,并且设立专门官职监督这些规定的执行。

---

〔3〕 庇塔库斯(公元前7世纪),古希腊七贤之一,传说中的古希腊立法者。——译注

〔4〕 古代长度单位,自肘至中指端的距离。——译注

第二十七章　柏拉图的观点

第六十七节　不得将耕地用作坟地

西塞罗：上述内容，就是你们雅典人作出的规定。现在，我们再看看柏拉图怎么说。他把葬礼交给宗教习俗解释者处理，就像我们如今一样。关于坟墓，他是这样说的：禁止将耕地或者可耕地用作坟地，但是，由于地块自身特点，只适宜埋葬死者而且对在世者不会造成损失的，可以用作坟地；可以生产谷物并像母亲一样为我们提供食物的土地，无论是活者还是死者，都不应予以破坏减少。

第六十八节　坟墓与葬礼不得奢华

西塞罗：柏拉图禁止建造高度超过 5 人 5 天劳动量的坟墓；禁止竖立或者放置规模超过四行

六步格(恩尼乌斯称之为“长格”)的颂扬死者的石碑。对于葬礼，这位伟人是这样说的:根据家庭富裕程度,要求丧葬费用限于1至5迈纳[1]之后,他接着就提出了灵魂不死、善者死后安息而恶者死后受罚的著名论述。

第六十九节　模仿柏拉图

西塞罗:就说到这里吧,我相信,关于宗教法,我已阐述完毕。

昆图斯:兄长已经充分诠释,而且很详细,请继续讲下一个问题。

西塞罗:我会继续往下讲。大家喜欢听,是我继续讲的动力,我将在今天讲完,我希望就在今天讲完。我记得柏拉图也是如此,用了一个夏日讲述法律。我也将如此,接下来阐述官职问题。对于共和国而言,在确立宗教后,最重要的就是官职问题。

阿提库斯:请讲吧,就按照你的计划讲吧。

---

〔1〕 迈纳,古雅典货币单位。——译注

第三卷

论官职法

第一章　法律是不说话的官员

第一节　赞美柏拉图

西塞罗:好,我就效仿那位圣人,继续讲下去。我深深敬佩那位打动我的圣人,因此,我对他的赞美会更加频繁,也许会过分频繁。

阿提库斯:我猜测,你说的那位圣人,就是柏拉图。

西塞罗:正是,阿提库斯。

阿提库斯:不,无论你怎么赞美他,都不会过于频繁,都不会过分。要知道,我们伊壁鸠鲁学派,除允许赞美我们学派创始人[1]外,不允许赞美任何人,但却允许我尽情赞美柏拉图。

西塞罗:他们做得对!事实上,还有什么更适合像你这样的高尚品位呢?在我看来,无论在生活上,还是在演讲上,你都已经达致最难达致

---

〔1〕 指伊壁鸠鲁。——译注

的庄重与人道的结合。

阿提库斯：我忍不住插一句啊——你给我那么高的评价，我太高兴了。请继续。

第二节　赞美法律

西塞罗：让我们从用恰如其分的语言赞美这种法律开始谈起，好不？

阿提库斯：很好，就像你阐述宗教法时那样。

西塞罗：如大家知道的，官员的职责，就是依法、正确、有效地实施治理。犹如法律指导官员一样，官员也这样指导人民。完全可以这么说，官员是会说话的法律，法律是不说话的官员。

第三节　赞美治理

西塞罗：此外，没有什么比治理更为符合正义和自然——我所说的自然，希望大家理解为法律。没有治理，就不可能存在家庭、城市、国家或者整个人类，也不可能存在自然界或者宇宙本身；因为宇宙服从神明，大地和海洋服从宇宙，人类生活服从最高之法的命令。

第二章　没有官员就没有国家

第四节　自古有之的统治权

西塞罗：看看与我们较为接近、熟悉的事情吧：一切古代民族都曾由国王统治。这种统治权，最初赋予了无比正义、睿智之人。我们自己的国家也是如此，曾长期由国王实施统治。后来，这种权力由其后人代代相传，如今由国王实施统治的国家仍然存在。即使那些不愿意接受国王统治的人民，也并非不愿意服从任何人，而只是不愿意永远服从同一个人。我们旨在为自由民族提供法律，而且在《论共和国》中已经阐述过最完美共和国的法律，如今我们要做的，就是让法律适应我们所赞美的那种国家政体。

第五节　国家不能没有官员

西塞罗：国家必须要有官员。没有官员的胆

识智慧和尽心尽力,国家就不可能存在。官员权力的分配决定了国家的治理。不仅应对官员的治理作出规定,而且应对公民的服从作出规定。善治者,终有一天治于人;善治于人者,也可能有一天治人。治于人者,应可以期许自己有一天治人;治人者,应想到自己很快就要治于人。因此,犹如卡伦达斯立法规定的那样,我们必须规定,公民不仅应当服从、听从官员,而且应当尊重、热爱他们。事实上,我所崇敬的柏拉图,就把反抗官员之人视为泰坦的后代,因为他们就像当年反抗众神的泰坦[1]一样。

说了这些后,要是你们同意,我们就来谈谈法律本身吧。

阿提库斯:我同意你刚才说的,也同意你谈谈法律本身的提议。

---

〔1〕 泰坦,又译“提坦”,系古希腊神话中曾统治世界的古老神族,系天穹之神乌拉诺斯和大地女神盖娅的子女。他们反对宙斯等众神,欲把宙斯等众神扔进地渊,但最终被宙斯等众神打败并被关进地渊。——译注

第三章　官职及其权力（一）

第六节　应服从权力

西塞罗：权力，应是合法的，公民应恭顺而无异议地服从。对不服从者或者有罪者，官员应处以罚款、鞭打或者拘禁；但是，同等或者更高权力，或者人民，予以否决的除外。此外，人民有权提出申诉。官员应在人民面前进行审判，作出判决或者裁定。对军事命令，不得申诉；任何军事命令，都是合法的、有效的。

应设立低级官职，以履行专门职责。在战时，他们指挥、保护部属；在平时，他们掌管公共财政，监管被羁押的犯人、执行死刑，铸造国家金、银、铜币，裁决诉讼案件，实施元老院的决定。

第七节　市政官与监察官

西塞罗:应设立市政官[1],管理城市、粮食供应和公共节庆。这一官职是晋升更高官职的第一步。

监察官审查公民的年龄、子女后代、家庭成员和财产,监管城市庙宇、道路、水道、国库和税赋,根据财产、年龄和地位等划分部落、类别,招募骑兵和步兵,禁止独身,规范道德风俗,将行为不端者赶出元老院。监察官应由 2 人担任,任期 5 年;其他官职任期 1 年。监察官官职永远不得空缺。

第八节　裁判官与执政官

西塞罗:裁判官裁决法律问题,是市民法的守护人,或者审判私人案件,或者分配案件。享有同等权力的裁判官数量,由元老院或者人民大会决定。

王权应由 2 人行使。由于他们“走在前面”(praeire)、“进行审判”(iudicare)和“主持协商”(consulere),就把其称为“裁判官”(praetor)、“裁决官”(iudex)或者“执政官”(consul)[2]。在战时,他们拥有最高权力,不隶属任何人,人民的安全福祉就是最高法律。

---

〔1〕 市政官,又译“营造官”“营造司”等。——译注

〔2〕 在早期的古罗马时代,“裁判官”“裁决官”是相当于后来“执政官”之称的官职。至公元前 3 世纪,“裁判官”“裁决官”演变为“执政官”的副手,因此,有些论著将后来的“裁判官”“裁决官”译为“副执政官”。——译注

第九节 官职任期、职权与保民官

西塞罗:任何人不得在10年内担任同一官职,担任官职应遵守年龄法的规定。

遇到重大战争或者内乱时,元老院可以决定,由1人执掌2位执政官的权力,限期6个月。根据吉兆进行任命后,他就是人民首领〔3〕。他应拥有1名统帅骑兵的助理,该助理拥有相当于行使裁判权的官职权力。

在既没有执政官,也没有人民首领,还没有其他官员的情形下,由元老们主持占卜,并从元老中推选1人,由其主持人民大会选举执政官。

倘若元老院或者人民大会作出决定,拥有全权的统帅、享有相应权力的官员及其助理,应离开罗马城,正义地进行正义的战争,保护同盟者,约束自身和下属,为人民增光添彩,并荣归罗马。

任何官员不得为私人事务而自由出使〔4〕。

平民为保护自身不受暴力侵害而选出的10名官员,是保民官〔5〕。他们作出的否决或者得到人民大会通过的法案,具有法律约束力。保民官神圣不可侵犯,不得不保护平民。

---

〔3〕 即独裁官。——译注

〔4〕 自由出使,指古罗马元老使用公费自由出行办理私事的待遇。西塞罗明确反对这种待遇,参见本书第三卷第三章第七节和第八章。——译注

〔5〕 也称为“平民保民官”,以示与“军事保民官”的区别。——译注

第十节　元老(一)

西塞罗:一切官员,均享有占卜权和司法权。元老院由上述官员组成。元老院决议,具有法律效力;若遭同等权力或者更高权力否决,也应书面留存。

元老应完美无瑕,应成为其他公民的榜样。

官员选举、人民判决、决定和否决,均应投票通过;投票,对于贵族应是公开的,对于平民应是自由的。

第四章　官员及其权力（二）

第十一节　元老(二)

西塞罗:遇到不属于官员职权的事项,应由人民推举官员实施管理并赋予其权力。

执政官、裁判官、人民首领、骑兵长官以及元老院委托推荐执政官之人[1],有权主持人民大会和元老院会议。人民大会选举的保民官,有权主持元老院会议,提出有益议案供平民大会审议。

在人民大会或者元老院会议上,行为举止都应适当。

元老不得无故缺席元老院会议,否则,应受惩罚。元老在元老院发言,应按顺序,应适度。元老应熟悉公共事务。

在人民大会上,不得使用暴力。同等权力或

〔1〕 即摄政官。——译注

者更高权力，拥有否决权。会议主持人，应对会议过程发生的任何骚乱负责。否决坏议案之人，应视为出色公民。

会议主持人应尊重征兆，服从国家占卜官。议案先公开再审议，并记录在案。每次审议，限于一个议题。应向人民大会作出解释：既可以由官员作出解释，也可以由公民个人作出解释。

不得针对个别人提出立法。涉及公民个人的法律，只能在最大的人民大会[2]上提出，并且应由监察官按照公民等级推选之人进行审判。

无论是任职前，还是任期内，抑或卸任后，都不得接受或者馈赠礼品。违者即犯罪，应处以相应刑罚。

监察官保管法律的正式文本。监察官听取官员的述职报告，不得免除官员的法律责任。

法律已宣读完毕，“我下令，开始投票”。[3]

---

〔2〕 即森都里亚大会，又译“百人团大会”。——译注

〔3〕 这是主持大会的官员程式用语。——译注

第五章 有什么样的官职体系就有什么样的国家

第十二节 国家依靠官员维护

昆图斯:兄长,你是多么简明扼要介绍了各种官职的规定啊!这些规定,尽管有你添加的,但是,几乎就是我们国家的规定。

西塞罗:昆图斯,你说得对。这正是西庇阿在六卷本《论共和国》中给予赞美并特别推崇的混合国家政体制度。没有上述官职,如此政体就不可能存在。必须明白,国家是依靠官员及其履职维护的。有什么样的官职体系,就有什么样的国家。我们国家的共和政体,是先辈们运用极大智慧创建的极其合理的政体。因此,在法律方面,我认为,几乎没有什么必须补充的。

第十三节　前辈的探索(一)

阿提库斯:请你像在我的请求下阐述宗教法一样,给我们说说,为什么你认为这样的官职体系是最好的。

西塞罗:阿提库斯,我会满足你的要求,将按照最博学的希腊学者们研究分析的那样,进行全面阐述,而后按照我自己的理解,探讨我们自己的法律。

阿提库斯:我正希望你就这样分析说明。

西塞罗:事实上,在《论共和国》中探讨最佳国家政体时,已有诸多阐述。不过,关于官职问题,狄奥弗拉斯特作了初步探索,而后斯多葛学派的狄奥格涅斯[1]作了相当详细的阐述。

---

〔1〕 斯多葛学派的狄奥格涅斯(约公元前235年—公元前150年),又译“狄奥革涅斯”“第欧根尼”,又称“塞琉基亚的狄奥格涅斯”“斯多葛学派的第欧根尼”,古希腊罗德岛人,系斯多葛学派哲学家,非指犬儒学派代表人物第欧根尼(约公元前412年—公元前324年)。公元前156年,斯多葛学派哲学家狄奥格涅斯、雅典学园派怀疑论哲学家卡涅阿德斯和逍遥学派哲学家克里托劳斯(约公元前2世纪)组成希腊公务使团访问罗马,对古希腊哲学在罗马的传播起了很大促进作用。——译注

第六章　文武双全的德米特里

第十四节　前辈的探索(二)

阿提库斯:真的吗?斯多葛学派也研究过这些问题?

西塞罗:不多,也许只有我刚才提到的那位,以及后来的伟大博学的帕奈提奥斯[1]。早期的斯多葛学派哲学家曾探讨国家问题。他们的观点很敏锐,但是,与各民族和国家的实践几乎没有什么联系。我们的观点主要源自以柏拉图为首的学园派。此后,亚里士多德全面阐述过国家政体问题;本都的赫拉克利德斯[2],承袭柏拉图的观点,也阐述过这些问题。如你们所知,亚里

---

〔1〕 帕奈提奥斯(公元前185年?—公元前105年?),古希腊罗得斯岛人,斯多葛学派哲学家,小西庇阿的朋友。在罗马主要讲授斯多葛派哲学,很有影响。——译注

〔2〕 本都的赫拉克利德斯(公元前387年?—公元前312年?),古希腊哲学家、天文学家,柏拉图的学生,亚里士多德的密友。——译注

士多德的学生狄奥弗拉斯特潜心研究过这些问题。此外,亚里士多德的另一学生狄西阿库斯[3]也做过这方面的研究。在这之后,我曾经提及的法勒鲁姆的德米特里,狄奥弗拉斯特的学生,出色地将这方面的研究,从学者幽静的书斋,带到阳光下,带到真实世界,带到尘世生活,带到战斗最前线。我们可以列举诸多学识不怎么渊博而在国家治理方面出色之人,也可以列举诸多学识渊博而在国家治理方面不在行之人;但是,德米特里在学术研究与国家治理方面都超群出众。除德米特里外,很难再找到如此文武双全之人,是不是?

阿提库斯:我想,可以找到的。事实上,在我们三人当中,就有一个这样的人。请继续。

---

〔3〕 狄西阿库斯(约公元前355年—约公元前285年),西西里的墨西拿人,古希腊哲学家、地理学家。——译注

第七章　限制执政官权力

第十五节　废弃王政体制

西塞罗：上述学者曾经研究，国家是否可以只设一位首脑，其余人都服从他。我知道，我们祖先赶走国王后，曾经考虑这样做。当时，主要是由于国王个人的过错而不是由于王政体制的缺点，往昔受到称赞的王政体制才被废弃。要是继续由一人统治其他所有人，就会让人觉得，废弃的只是国王的头衔而不是实质。

第十六节　创立监察官或者保民官制度

西塞罗：正是这个原因，斯巴达的狄奥庞普斯[1]

---

[1] 斯巴达的狄奥庞普斯（？—公元前675年），又译"特奥蓬波斯"等，公元前720年至公元前675年任斯巴达君主。据传，因设立监察官与国王分享权力而受到妻子抱怨传给子孙的权力变小时，狄奥庞普斯回答说："不是更小了，是更大了，而且将留传得更久远。"——译注

创建了制衡国王的监察官制度,而我们罗马则创立了制衡执政官的保民官制度。执政官拥有法律赋予的权力,其他所有人都应服从,但保民官除外。保民官是在执政官之后设立的,目的是防止出现以前发生过的事情。这削弱了执政官的权力,首先是出现了不受其管辖之人,其次是保护其他人——其他官员以及普通公民可以不服从执政官。

第十七节 限制执政官权力的合理性

昆图斯:你说的这件事,很不好,因为设置这一官职后,贵族的影响下降,平民的力量上升。

西塞罗:昆图斯,你错了。实际上,对于人民而言,是执政官的权力太傲慢、太暴虐了。在明智而适度地限制其权力后……[2]

……一个人要是无法区分利弊,怎么能保护同盟者呢?

……运用。该法律适用于一切人。

---

〔2〕 原文此处及随后残缺许多内容,所缺内容很可能是对西塞罗所提法律的前半部分的阐述。——译注

第八章　可耻的自由出使

第十八节　自由出使的丑陋

西塞罗:"让他们荣耀地返回吧。"无论是从敌人那里,还是从同盟者那里,高尚无私之人返回罗马时,除了荣耀,什么都不应带回来。

此外,很清楚,没有什么比公务之外的自由出使更为可耻的。我不想谈论有些人以自由出使名义去接受遗产或者收债时的丑陋表现,这些都是人性的弱点。但是,我想问的是,还有什么比元老没有任何公务、没有任何任务、没有任何职责而自由出使更为可耻的?在我担任执政官时,要不是轻佻的平民保民官反对,我原本可以得到全体元老的支持而废除自由出使的,尽管这涉及元老们的利益。不过,我仍然缩短了自由出使的期限,将无限期的自由出使限定为1年。虽然这种可耻的恶习仍然留存,但不再是长期的。

现在,如果你们要求,我们就应离开行省返

回罗马。

阿提库斯:我们完全同意,但是,仍在各行省自由出使的罗马人绝对不会同意。

第十九节　自由出使的实质

西塞罗:阿提库斯,他们要是遵守法律,就会发现:最亲切、最可爱的,就是罗马,就是自己的家园;最劳累、最厌倦的,就是行省。

第九章　罪行累累的保民官

第二十节　搅乱国家的保民官

西塞罗：接下来就是我们国家关于保民官职权的法律，不过，没有必要予以阐述。

昆图斯：但是，兄长啊，我很想知道你对这种权力的看法。在我看来，它确实是有害的，因为保民官权力，生于动乱，生为动乱。要是追溯起源，我们会明白，它当初产生于内乱时期，那时，罗马城有一部分被平民包围、占领[1]。不久，根据《十二铜表法》，如杀死极其畸形婴儿一样，很快就扼杀它[2]。不过，没多久，它不知怎么又复活了[3]，甚至变得更加骇人、更加恐怖。

---

〔1〕 平民不满贵族统治，第一次撤离罗马而占领圣山之后的公元前494年，罗马设立保民官官职。——译注

〔2〕 公元前451年，古罗马取消一切官职，设立十人委员会治理国家。——译注

〔3〕 公元前449年，古罗马废除十人委员会，重设执政官、保民官等官职。——译注

有什么罪行它没有犯下！首先，与其邪恶本质相称，保民官剥夺了元老们的一切荣耀，让所有卑鄙等同于高尚，导致混乱与无序。即使在严重削弱贵族权威后，它也没有消停过。权且不说弗拉米尼乌斯〔4〕以及其他陈年旧事，请看看提比略·格拉古〔5〕担任保民官时，给尊贵之人留下了什么权利。而且早在五年前，保民官盖乌斯·库里阿提乌斯〔6〕，最低贱最卑鄙之人，就把执政官德西穆斯·布鲁图斯和普布利乌斯·科尔内利乌斯·西庇阿·纳西卡·塞拉皮奥〔7〕投入监狱，他们都是伟人啊！以前可从未发生这种事。更有甚者，是盖约·格拉古〔8〕。难道不是他，把匕首扔进讲坛——他自己就是这么说的——引发公民互相厮杀，造成动荡不安，试图彻底颠覆整个国家制度？至于萨图尔尼努斯〔9〕、苏尔皮西乌斯〔10〕以及其他保民官，还需要我说什么？共和国要是不采取

---

〔4〕 弗拉米尼乌斯（？—公元前217年），公元前232年担任保民官时，建议给平民分配土地，遭到贵族反对；公元前223年担任执政官，公元前220年任担任监察官，公元前217年再次担任执政官并在与汉尼拔军队作战时血染沙场。——译注

〔5〕 提比略·格拉古（公元前168年—公元前133年），古罗马政治家，平民派领袖，与其弟盖约·格拉古合称为“格拉古兄弟”。剥夺元老特权，发起土地改革，触动包括元老在内的贵族利益，再加上身为保民官的同僚马尔库斯·奥克塔维乌斯反对，公元前133年再次竞选保民官时被活活打死。——译注

〔6〕 盖乌斯·库里阿提乌斯（公元前2世纪），公元前138年担任保民官。——译注

〔7〕 普布利乌斯·科尔内利乌斯·西庇阿·纳西卡·塞拉皮奥（公元前183年—公元前132年），系大西庇阿的孙子、提比略的表兄，公元前138年担任罗马执政官、大祭司，提比略的坚决反对者，于公元前133年带领民众杀死提比略。——译注

〔8〕 盖约·格拉古（公元前154年—公元前121年），古罗马政治家，提比略·格拉古的弟弟，公元前123年、公元前122年担任保民官。试图继承兄长的土地改革大业等，最终被罗马元老院军队逼迫而死。——译注

〔9〕 萨图尔尼努斯（？—公元前100年），公元前104年担任财政官，公元前103年、100年担任保民官，提出的土地法遭到贵族反对，后被元老院监禁杀死。——译注

〔10〕 指普布利乌斯·苏尔皮西乌斯·鲁弗斯（公元前121年—公元前88年），古罗马演说家、政治家，公元前88年担任古罗马保民官时遭苏拉杀害。非指塞尔维乌斯·苏尔皮西乌斯·鲁弗斯（约公元前106年—公元前43年），古罗马法学家。——译注

暴力手段,就无法回击他们的进攻。

第二十一节　搅乱宗族血脉的保民官

昆图斯:为什么我只应列举以前的而不是当今我们历经的人或者事?谁会这么肆无忌惮地敌视我们,乃至企图动摇我们的地位?难道他们不是将保民官的匕首磨得锋利对准我们吗?这些堕落的罪恶的败类,在任何家庭甚至家族找不到这种人时,就觉得应趁共和国暗无天日之际搅乱宗族血脉〔11〕。

第二十二节　毫无理性的保民官

昆图斯:事态极其严重的,但对不朽的声望而言又是极其荣耀的是:他们付出任何代价都找不到一个愿意反对我们的保民官,那个根本不应成为保民官的人除外。这个人,造成了多大的破坏啊!这种破坏,绝对是毫无理性、绝望至极的野兽在疯狂的乌合之众蛊惑下造成的。正因如此,我特别赞赏苏拉的做法——立法取消保民官拥有的作恶权力,只留下他们拥有的救济权力〔12〕;也正因为如此,尽管在其他方面我总是给予我们的朋友庞培最高、最慷慨的

---

〔11〕 指普布利乌斯·克洛狄乌斯·普尔喀,为竞选公元前59年的保民官,让平民收养自己,放弃"克劳狄乌斯"姓氏而改为平民使用的"克洛狄乌斯"姓氏。克洛狄乌斯担任保民官后,充当打手,提议制定放逐西塞罗的法律。——译注

〔12〕 公元前80年,于公元前82年开始担任独裁官的苏拉立法规定,取消平民保民官的立法提议权和否决权,唯有元老才可以担任保民官,担任保民官后不得再出任其他官职。公元前75年始,该立法被逐步取消;至公元前70年庞培担任执政官时,该立法被完全取消。——译注

评价，但是，就他对待保民官权力的做法[13]，我沉默不语——在这方面，指责他，我不愿意；称颂他，我做不到。

〔13〕 指庞培于公元前70年担任执政官时立法恢复保民官权力与地位的做法。——译注

第十章　无恶无以求善

第二十三节　并非一无是处的保民官

西塞罗:昆图斯,对保民官的弊端,你看得非常清楚。但是,无论批评什么,无视其长处,只指出其短处,只挑剔其缺陷,是不公平的。要是专挑毛病,甚至可以把执政官贬得一无是处,但我可不愿意这样列数其缺陷。我承认,保民官确有恶的一面,但是,无恶无以求善。

“平民保民官的权力,太大了。”谁会否认这点呢?可是,人民的力量,更为激烈,更为凶猛。不过,有领袖比没有领袖时,这种人民力量有时会变得温和一些。领袖在行动时会意识到是自己在冒风险,而人民在冲动时不会有风险意识。

第二十四节　祖先的智慧:设立保民官

西塞罗:“虽然有时人民会被煽动”,但是,人民也常常会被劝阻。难道10个保民官[1]都是无可救药的,竟然没有一个人是理智健全的?历史上,就有1个保民官[2]行使否决权。虽然这个人不仅被蔑视而且被罢免,但是,正是他打倒了提比略·格拉古。除剥夺同僚否决权的行为外,还能有什么可以打击提比略?

我们来看看祖先在此事上的智慧吧。元老们将这一权力授予平民[3]后,武器得以放下,暴乱得以平息,妥协得以达成。正是这种妥协,让平民觉得自己与贵族地位平等,从而拯救了罗马。你会说:"但是有两个格拉古啊!"是的,除他们外,你还可以列举更多的人。每次选举都会产生10名保民官,任何时候你都可以从中找到某些不负责任甚至危险的人物,至于不高尚者也许可以找到许多。

第二十五节　设立保民官的起因

西塞罗:但是,只要元老贵族不激起仇恨,平民就不会进行殊死斗争。因此,本应不会发生驱逐国王的事件,或者本应赋予平民实质上而不是名义上的自由。但是,事实上却未如此,乃至平民不得不屈从于贵族的权威。

---

〔1〕 最初设立2名保民官,后来增至10名保民官。——译注

〔2〕 指马尔库斯·奥克塔维乌斯(公元前2世纪),公元前133年担任古罗马保民官。其父格涅乌斯·奥克塔维乌斯于公元前165年担任古罗马执政官,其兄弟格涅乌斯·奥克塔维乌斯于公元前128年担任古罗马执政官,其侄儿格涅乌斯·奥克塔维乌斯于公元前87年担任古罗马执政官。他因反对提比略的土地法案,在提比略提议下,被罢免保民官职务。后来,此人成为提比略的政敌并联手其他人将提比略置于死地。——译注

〔3〕 公元前494年,古罗马设立平民保民官一职;公元前471年,平民保民官由平民大会选举;公元前450年,设立10名平民保民官。——译注

第十一章　罪不在保民官

第二十六节　以我的遭遇为例

西塞罗：我最亲爱、最出色的兄弟，我的案件[1]，确实与保民官权力有关，但是，并非是与保民官本身的斗争。要不是锁链被去掉，奴隶被煽动，甚至还有军队卷入，否则，平民是不会受怂恿而仇视我的国务活动的。当时我不得不与之斗争的，不是那个恶棍，而是共和国面临的最严重危机。要不是我当时委曲求全[2]，祖国就不可能长久享受我为之创造的成果[3]。事态发展结果证明了这一点。

事实上，我的安全，无论是对自由人，还是对

〔1〕 指公元前58年保民官克洛狄乌斯主持通过法律放逐西塞罗事件。在这个法律通过前，恺撒率军驻扎在离罗马不远的地方。——译注

〔2〕 指西塞罗在放逐其的法律生效前，主动离开罗马赴希腊的做法。——译注

〔3〕 指西塞罗挫败“喀提林阴谋”从而维护共和国的功绩。——译注

值得赋予自由的奴隶,都是宝贵的。但是,要是全体人民不满意我为共和国安全所采取行动的成果,要是疯狂的民众愤恨地驱逐我,要是保民官煽动人民反对我,就像当年提比略·格拉古煽动人民反对勒纳斯[4]、萨图尔尼努斯煽动人民反对墨特卢斯[5]那样,我会忍受的。昆图斯兄弟啊,要是这样,可以慰藉我的,大概率不是雅典哲学家,尽管他们应慰藉我,而是宁愿离开不知感恩的城邦也不愿留在罪恶城邦的那些无比杰出人士[6]。

第二十七节　理想之选抑或现实之选

西塞罗:至于你完全不赞成庞培对待保民官的做法,我想,你是没有充分注意到,他要考虑的,不仅是理想之选,更主要是现实之选。他显然认为,这种权力是我们国家不得不恢复的,因为我们的人民,在不知其实质前,竭力争取这种权力,又怎么可能在知其实质后,放弃这种权力?睿智的公民,是不会采取危险方式,把无害而深受民众欢迎乃至难以舍弃的东西,予以抛弃的。

兄弟啊,你知道,在这种谈话中,转换话题的方式,通常就是说“确实如此”或者“正是如此”之类的话。

---

〔4〕 指普布利乌斯·波皮利乌斯·勒纳斯(公元前2世纪),公元前132年担任执政官时主持审判提比略·格拉古的支持者,公元前123年遭盖约·格拉古放逐,公元前121年返回罗马。——译注

〔5〕 指昆图斯·凯基利乌斯·墨特卢斯·努米底库斯(公元前160年—公元前91年),公元前109年担任罗马执政官,公元前102年担任罗马监察官,公元前100年因不支持萨图尔尼努斯土地法而自我放逐。——译注

〔6〕 疑指遭放逐的古雅典著名政治人物阿里斯提德斯(公元前530年?—公元前468年?)、特米斯托克利(公元前524年—公元前460年)、西蒙(公元前510年—公元前450年)等。——译注

昆图斯:我很难同意你的观点,不过,请继续说下去。

西塞罗:这么说,你还是坚持自己的观点?

阿提库斯:实话实说,我完全赞同昆图斯的看法。不过,我们继续听你说下去吧。

第十二章　元老院的地位

第二十八节　元老院享有权威

西塞罗:下一个话题,是一切官员拥有的占卜权和审判权问题。赋予审判权,是为了让人民可以进行申诉;赋予占卜权,是为了有令人信服的理由阻止有害无益的人民大会的召开。事实上,不朽神明就常常以占卜阻止人们提出不合理的诉求。

元老院由担任官职的人员组成,是符合人民利益的;因为只有这样才能保证,人民不同意就无法走上最高职位,从而取消监察官增补官员的权力。当然,取消其权力后的不足可以得到弥补,因为我们的法律确认元老院的权威,下一条就规定:"元老院决议具有法律效力。"

第二十九节　人民享有权力

西塞罗：要是元老院是国家领导者而且所有人都维护其做出的任何决定，要是其他等级都愿意由最高等级治国理政；那么，就有可能通过配置均衡的法定权力，建立和谐而温和的国家政体，由人民享有权力，由元老院享有权威，尤其是在下一条法律得到遵守的情形下，更是如此。这条法律就是："元老等级应完美无瑕，应成为其他公民的榜样。"

昆图斯：兄长，你提出的法律，真的太好了。但是，关于"元老等级应完美无瑕"的规定，太笼统，需要监察官作出解释。

阿提库斯：尽管元老院完全忠诚于你，而且深刻铭记你担任执政官时的贡献；但是，请允许我说一句：上述规定，会让监察官和所有法官都精疲力竭。

第十三章　元老应是公民榜样

第三十节　有污点者不应成为元老

西塞罗：阿提库斯，我们不讨论这个问题。要知道，我们谈的，不是当今的元老院，也不是目前情形，而是未来状况，也许那时的元老们愿意遵守这些法律。因为法律要求元老完美无瑕，所以，任何有污点者都不可能成为元老。但是，这一点确实难以做到，除非有相应的教育和纪律。关于这个问题，也许我们可以另找合适的时间地点再谈。

阿提库斯：你可以控制讨论的法律顺序，地点肯定不成问题，时间也不成问题，今天就有大把时间。即使你略过不谈，我也要把你拉回来，追问教育与纪律问题。

第三十一节　制止贪欲之人深陷贪欲的危害

西塞罗:阿提库斯,那请追问吧,其他略过没谈的也尽可以追问。

“应成为其他公民的榜样”,要是可以做到这一点,就可以做到一切。显贵的贪欲与恶行会充斥并传染整个国家;要是他们有所节制,同样可以让整个国家风气得到改善和提升。据说,我们的朋友、一代伟人卢修斯·李锡尼·卢库卢斯[1],在有人指责其图斯库鲁姆[2]的别墅过于奢华时,非常巧妙得体地回答说:他两个邻居,上方的罗马骑士,下方的获释奴隶,都拥有豪华别墅;较低地位之人拥有的,也应允许他拥有。但是,卢库卢斯啊,你可知道,正是你的欲望激起了他们的欲望。要是你没有这样,他们怎么可能这样?谁能眼睁睁地忍受,这些人的别墅塞满了属于国家的甚至是属于神庙和圣地的雕塑和画像?那些本应制止他们这种贪欲之人,自己却深陷这种贪欲,如何能够制止他们这种贪欲?

---

〔1〕 卢修斯·李锡尼·卢库卢斯(公元前117年?—公元前56年),古罗马将军和执政官。战功赫赫,生活奢侈,热衷美食。——译注

〔2〕 图斯库鲁姆,古罗马城市,位于古罗马城东南方向24公里处,在今意大利城市弗拉斯卡蒂附近。在罗马共和国晚期和帝国时期,建有诸多私家别墅,是罗马权贵富人的度假胜地。西塞罗曾在这里撰写《图斯库鲁姆谈话录》。——译注

第十四章　平民会模仿显贵

第三十二节　平民会模仿显贵

西塞罗：问题的严重性，不在于显贵犯法作恶，尽管这本身是极其严重的，而在于显贵有诸多模仿者。回溯历史，可以看出，罗马的显贵如何，罗马就会如何。显贵之间的风俗发生什么变化，平民之间的风俗随即就会发生什么变化。这比我们亲爱的柏拉图的看法更为接近真理。柏拉图说，音乐家改变曲调时，城邦制度就会发生变化。但是，窃以为：显贵生活方式发生变化，城邦风俗就会发生变化。品行恶劣的显贵对共和国的危害更大；因为不但自己堕落作恶，而且会把这种风气传遍城邦。他们腐化，不但危害自己，而且腐化他人；相对于其罪孽而言，危害更甚的是其坏榜样。这条法律，适用于整个元老等级，甚至适用范围可以更窄一些；因为是少数人，甚至是极少数人，由于具有崇高的地位和威望，既可以腐化，也可以纠正整个城邦的风俗。

这个问题，今天就谈这些，更多内容在《论共和国》中有详细阐述。好了，我们接着谈论其余问题。

第十五章　投票方式

第三十三节　公开与自由的选择

西塞罗:下一个,是投票问题。我的规定是,对于贵族应是公开的,对于平民应是自由的。

阿提库斯:我极其关注这个问题,但是,我不太理解这条法律,或者说不明白其含义。

西塞罗:阿提库斯,我会解释的。这是人们经常探讨的难题:投票选举官员、审判案件和审议法律或者其他议案时,是秘密好,还是公开好?

昆图斯:难道这还有什么疑问?我恐怕不会再次同意你的意见。

西塞罗:昆图斯,你不会不同意的。要知道,我的意见,就是你一直主张的,即最好的投票方式,是口头表决。我们要斟酌的,乃是否可行。

第三十四节　公开与自由的优劣

昆图斯：兄长啊，请允许我说说吧。在某件事虽然认为是止确、公正的，但是，却不可行时，即人民抗拒时，如此观点，最容易欺骗无知者，而且常常会危害共和国。首先，这种事，会遭到人们的激烈反抗。其次，人们宁愿在正确的事情上被压服，也不情愿在错误的事情上退让。谁不知道，票板表决法[1]削弱了贵族的权威？人民自由时，从未要求制定这种法律；人民受到显贵压迫时，才要求制定这种法律。事实上，根据历史记载，关系到位高权重之人时，口头表决比票板表决作出的判决，更为严厉。正因如此，对可疑议案进行表决时，既不应允许权势人物随心所欲，也不应允许普罗大众藏藏掖掖。在那种情形下，进行票板表决，会让高尚之人不知道每一个人的想法，会掩盖居心叵测之人的投票。所以，从未有高尚之人提出或者支持你这种投票方案。

---

〔1〕 票板表决法，指秘密或者无记名投票法。在古罗马，人们用涂蜡的板进行秘密投票的方式如下：大会表决时，在板上写 VR（同意）或者 A（不同意）；法庭表决时，在板上写 A（无罪）、C（判处）或者 NL（案情不明）。——译注

第十六章　票板表决法的历史

第三十五节　四部票板表决法

昆图斯:历史上记载了四部票板表决法[1]。第一部,是关于官员选举的法律,是《伽比尼乌斯法》,是由卑鄙的无名小卒[2]提出的。两年后,关于人民审判的《卡西乌斯法》得以通过,是由卢修斯·卡西乌斯[3]提议的。请其家人恕我直言,他,虽然是贵族,但却不与高尚之人站在一起,而是极力迎合平民。第三部,是关于立废有

---

〔1〕 这四部票板表决法律,分别于公元前 139 年、公元前 137 年、公元前 131 年、公元前 107 年通过。——译注

〔2〕 系指奥卢斯·伽比尼乌斯(公元前 2 世纪),公元前 139 年任平民保民官时,提出官员选举时采用票板表决法。——译注

〔3〕 卢修斯·卡西乌斯(公元前 2 世纪),公元前 137 年任平民保民官时,提出将秘密投票扩大至人民审判活动,但审判叛国罪除外,并得到小西庇阿的支持。公元前 127 年任执政官,公元前 125 年任监察官。——译注

关立法的《卡尔波法》,是由卡尔波[4]提出的。这个煽风点火的无耻小人,即使对高尚之人重表忠诚,其安全也得不到他们的保护。那时,唯有一种情形,即判处叛国罪的情形,继续保留口头表决。这是卡西乌斯本人提议规定的例外情形。但是,盖乌斯·科利乌斯·卡尔杜斯[5]甚至将票板表决法扩大至叛国罪的审判。后来,他为自己为击败盖乌斯·波皮利乌斯[6]而给共和国造成的伤害,悔恨终生。

第三十六节　反对票板表决法的祖父

昆图斯:事实上,我们的祖父[7],一位品德高尚之人,尽管娶了马尔库斯·格拉提狄乌斯[8]之妹为妻,但是,一直反对在阿尔皮奴姆采用格拉提狄乌斯提议的票板表决法。如人们所说,格拉提狄乌斯在茶杯里掀起了风波,而后来,其子马尔库斯·马略[9]

[4] 指盖乌斯·帕皮利乌斯·卡尔波(?—公元前119年),公元前131年任平民保民官时,提出票板表决通过立法议案。曾支持提比略·格拉古的土地改革法案,后来又予以反对。公元前120年任执政官。公元前119年被判处有罪后自杀身亡。——译注

[5] 盖乌斯·科利乌斯·卡尔杜斯(公元前2世纪至公元前1世纪),公元前94年担任执政官。公元前107年担任平民保民官时将票板表决扩至叛国罪的审判,为的就是给波皮利乌斯定罪。——译注

[6] 盖乌斯·波皮利乌斯(公元前2世纪),因被高卢的提吉利尼人打败而接受屈辱的投降条件,被盖乌斯·科利乌斯·卡尔杜斯指控犯有叛国罪。未等审判,波皮利乌斯即自行放逐。——译注

[7] 西塞罗的祖父,受过良好教育,一直在家乡从事有关工作。——译注

[8] 马尔库斯·格拉提狄乌斯(?—公元前102年),公元前106年任平民保民官,公元前102年战死于基利基亚。——译注

[9] 马尔库斯·马略(?—公元前82年),格拉提狄乌斯之子,系盖乌斯·马略的养子,公元前85年、公元前84年担任裁判官,公元前82年遭喀提林残酷杀害。——译注

在爱琴海〔10〕掀起了波涛。的确,我们的……〔11〕执政官马尔库斯·斯考鲁斯〔12〕听说此事后,就对我们的祖父说:“马尔库斯·西塞罗啊,要是你能发挥你的聪明才智和德行,与我们一起从事最重要的国务,而不是从事乡务,该多好啊。”

第三十七节　支持票板表决法的西庇阿

昆图斯:今天,我们不是重述罗马人民的法律,而是恢复被废除的旧法或者制定新法。因此,我想,你应提出的,不是罗马人民已经获得的东西,而是对罗马人民最好的东西。例如,你亲爱的西庇阿就由于《卡西乌斯法》〔13〕受到责备,据说就是得到其支持,保民官才提出该法。要是你提出的是票板表决法,就得为此承担责任。这种法律,我不会赞成,从阿提库斯的表情来看,他也不会赞成。

---

〔10〕 爱琴海,系地中海东部海湾、希腊半岛东部的蓝色系海洋。——译注

〔11〕 此处原文残缺不全。——译注

〔12〕 马尔库斯·斯考鲁斯(公元前163年—公元前90年),公元前115年担任执政官,公元前109年担任监察官。——译注

〔13〕 指卢修斯·卡西乌斯于公元前137年担任平民保民官时,提出的将秘密投票扩大至除叛国罪以外的人民审判活动的法律。——译注

第十七章　投票自由的实质

第三十八节　赋予投票自由的目的

阿提库斯：事实上，平民保民官提出的东西，我都不喜欢。我认为，最好的共和国制度，就是这位担任执政官期间确立的。当时，我们国家由最优秀人士执掌权力。

西塞罗：我看出来了，用不着票板表决法，你们就否决了我的法律。尽管西庇阿在《论共和国》中为自己作了充分辩解；但是，我仍然要赋予人民这种自由，目的是让高尚之人具有并发挥影响力。

第三十九节　赋予投票自由的实质

西塞罗：我刚才宣读的投票法，是这样规定的："投票，对于贵族应是公开的，对于平民应是自由的。”这种法律,取消了近几年来以各种方式确保秘密投票的法律规定,例如:“任何人不得查看他人选票。”“任何人不得获取他人选票。”“任何人不得搭讪投票人。”《马略法》甚至规定,投票通道应设置得狭窄。[1] 要是在大多数情形下真可以防止贿选,那我就不会反对上述法律规定了。要是无法防止贿选,就得让人民采用票板表决法以捍卫自由;其前提是,应主动向最优秀、最受人尊敬的公民展示所投之票。如此这般,人民拥有自由,高尚之人拥有权威。昆图斯,如此这般,就可以像你刚才所说的,一般而言,相对于口头表决,经票板表决定罪之人就会少一些,因为有权投票,人民就会感到很满足。人民只要拥有这种权力,就愿意让高尚之人拥有权威[2]。也就是说,要是没有贿选,你们明白不,只要没有买卖选票行为,人民投票时内心追求的,就是最优秀之人希望实现的。[3] 所以说,我的法律,赋予了自由的外衣,维护了高尚之人的权威,消除了争拗的原因。

---

〔1〕 在担任执政官之前,盖乌斯·马略于公元前 119 年担任保民官时提议制定了《马略法》,规定投票时经过的通道应狭窄,以隔开其他人而免受干扰,如防止有人贿赂投票人等。——译注

〔2〕 西塞罗言下之意,就是人民愿意受其所敬重之人、其所感恩之人或者为其服务之人的影响。——译注

〔3〕 西塞罗言下之意,就是投票时,多数人会站在贵族这一边,因为多数人支持高尚之人或者受人民欢迎之人。——译注

第十八章　会议上的行为举止

第四十节　发言简明扼要是美德

西塞罗：下一条，是谁有权主持人民大会或者元老院会议。再接着，就是一条重要的，而且我认为，也是极好的法律："在人民大会或者元老院会议上，行为举止应适当。"也就是说，会议上的言行，应得体恰当、冷静平和。会议主持人，不仅要驾驭听众的思想和愿望，而且要掌控他们的面部表情。要做到这一点……[1]但在元老院会议上，并不难，因为参加会议的元老，不是服从他人，而是寻求他人支持。

对元老，有三点要求：一是出席会议，因为出席会议人数关系到所作决定的权威性；二是有序发言，即轮到自己发言时才发言；三是适度发言，即不能无休无止地讲个不停。无论是元老，还是

---

〔1〕 此处原文残缺不全或者不通顺。根据上下文，所缺内容大概应是"在人民大会上，很难"等。——译注

演讲者,发言简明扼要,都是一种美德,因此,永远不要作冗长发言。但是,要是元老院的安排存在问题——通常是存在非法操控,才会出现如此情形——而且没有官吏采取措施予以制止,那么,耗上一整天发言,是有益的〔2〕;要是事情重要,不得不做长篇演讲进行说服或者解释,也另当别论。在这两方面,我们的朋友小加图〔3〕就做得非常出色。

第四十一节　应熟悉公共事务

西塞罗:另一规定"元老应熟悉公共事务",也就是说,元老应当熟悉国家事务。这一条的含义很广,例如,应当掌握国家军队数量、财政情况等,应当熟悉国家的盟友、朋友和属国等,应当了解国家的法律、条约、协议等,应当熟悉立法程序、传统惯例等。不掌握国家方方面面的知识、情况,就不真正具备担任元老职务的条件。

第四十二节　不得诉诸暴力

西塞罗:接着就是关于人民大会的规定。第一个也是最重要的,是"不得使用暴力"。在稳定有序的共和国,没有什么比诉诸暴力,更具有破坏性,更有悖于法律与秩序,更为野蛮粗鲁。另一规定,是尊重他人行使否决权。没有什么比这一行为更值得推崇;因为宁可让好事受挫遇阻,也不可让坏事畅通无阻。

---

〔2〕 即采取拖延手法,防止相关议案通过,因为人民大会或者元老院会议需在天黑之前散会。——译注

〔3〕 小加图(公元前95年—公元前46年),系老加图曾孙,罗马共和国末期著名共和派人物、政治家、演说家。——译注

第十九章　针对个别人的立法

第四十三节　会议主持人的过失

西塞罗：关于会议主持人过失的规定，完全源自无比睿智的克拉苏[1]观点。当年，审议执政官盖乌斯·克劳狄乌斯[2]关于处理格涅乌斯·卡尔波[3]骚乱的提议时，元老院赞同他的这一观点并规定：对会议主持人的指令，不得煽动违抗，否则，主持人有权宣布解散会议。要是无法正常开会而坚持开会，就是在追求暴力，就

---

〔1〕 指卢修斯·李锡尼·克拉苏（公元前140年—公元前91年），罗马政治家、法学家、演说家。公元前95年担任罗马执政官。其学生西塞罗认为，他是当时罗马最出色的演说家。非指与庞培、恺撒组成前三头政治同盟的马尔库斯·李锡尼·克拉苏（约公元前115年—公元前53年）。——译注

〔2〕 指盖乌斯·克劳狄乌斯·普尔喀（公元前2世纪—公元前1世纪），公元前92年担任罗马执政官，保民官萨图尔尼努斯的反对者。——译注

〔3〕 指格涅乌斯·帕皮利乌斯·卡尔波（公元前130年—公元前82年），曾三次当选罗马执政官。——译注

应对此负责。[4]

下一条规定，否决坏议案之人，应视为出色公民。有这么一条给予如此高度赞赏的法律规定，谁不会竭尽全力为共和国服务？

接下来的内容，也可以在我们国家的法律规定中找到："会议主持人应尊重征兆，服从国家占卜官。"优秀的国家占卜官应当记住：在国家危急关头，应当尽职尽责，因为他已被任命为至尊无上的朱庇特的助手与解释者，如同听从其指挥的协助观察各种征兆的助手，已划出一片天空归他观察，其职责就是通过观察天象为国家服务一样。

第四十四节　从《十二铜表法》移植的规定

西塞罗：此后是关于法律颁布、逐项审议以及听取官员或者公民个人意见的规定。再接着就是从《十二铜表法》中移植的两条非常棒的规定。一条是废除针对个别人的立法，另一条是禁止在最大的人民大会之外提出针对个别人的立法。在尚未设立极具煽动性的保民官职位之前，甚至没有想到这一职位之前，我们的祖辈就有如此洞察力，确实令人钦佩。先辈们不允许提出针对个别人的立法，因为如此法律就是特权之法。法律的意义，就在于对所有人有效和适用。要是针对个别人立法，那还能有什么比这更不公平公正的？他们认为，除在森都里亚大会上外，不得针对个别人立法；因为按照财富、地位和年龄进行划分后的集会投票，比按照部落划分的集会投票，更为明智。

---

〔4〕 此段原文残缺不全，译文勉为其难，请读者明鉴。——译注

第四十五节　我的遭遇

西塞罗:无比卓越睿智的卢修斯·科塔[5]对我的案件所发表的看法,就非常正确:根本就没有对我做出过什么决定。他还说:即使做出了决定,也是非法的,因为那是动用武装奴隶下作出的决定;部落会议作出的有关公民权利的决定,也是无效的;任何会议通过的有关个别公民的法律,都是无效的。他的结论是,由于没有通过任何有效的法律放逐我,就无须通过任何法律召回我。[6] 但是,你们以及其他卓越人士则认为,对那些奴隶和强盗为反对某个人而所做之事,应向整个意大利表明态度。

---

〔5〕 即卢修斯·奥列利乌斯·科塔(公元前1世纪),公元前70年任罗马裁判官,公元前65年任罗马执政官,公元前64年任罗马监察官,公元前63年支持西塞罗反对喀提林,反对放逐西塞罗。——译注

〔6〕 这是公元前57年8月4日通过召回被放逐西塞罗的决定时,科塔的发言内容。——译注

第二十章　监察官

第四十六节　贿赂:应处以刑罚

西塞罗:随后是关于贿赂的规定。惩处如此行为,更多的是应通过法院判决而不是口头谴责,因此,作出如下规定:“应处以相应刑罚。”如此这般,相应犯罪行为就可以处以相应刑罚:对施暴者,处以死刑或者剥夺公民权;对贪婪者,处以罚金;对贪图功名者,处以耻辱刑。

第四十七节　监察官的两大职责

西塞罗:最后一条法律,我们目前没有,但对共和国而言是必要的。我们没有法律保管人,因此,书记员认为法律是怎么样,法律就是怎么样。我们的法律,来自抄写员。我们的公共档案中没有保存官方法律文本。希腊人在这方面就更为用心,设立了“法律卫士”。他们不仅保管法律文本——我们祖先也曾存在这种习俗,而且监督人们遵守法律。因此,我规定,由监察官承担上述职责,并希望,我们国家永远设置监察官。

官员离任时,应向监察官述职,由监察官初步审查其履职情况。在希腊,由国家任命的检控官履行这一职责;但是,除非出于自愿,否则,检控官不可能在这方面严格履职。因此,最好由卸任官员向监察官述职,涉及法律责任问题就由法庭处理。

官职问题,已充分阐述。你们还有没有什么要我说的?

第四十八节 期望谈论的话题

阿提库斯:什么?要是我们不提醒你,难道问题本身就不提醒你,还有要阐述的吗?

西塞罗:还要我讲什么?阿提库斯,是不是要我说说司法审判问题?事实上,这个问题确实与官职有关。

阿提库斯:难道不按照你最初的计划,谈谈罗马法?难道你不应就此谈谈?

西塞罗:你究竟要我谈谈什么?

阿提库斯:要你谈什么?我认为,关心国事之人,竟然不知道这些东西,是极其丢脸的。如你刚才提到的,法律文本需要抄写员提供,因此,我注意到,大多数官员都不知道自己的法定职权,只能是书记员说是什么就是什么。在你提出宗教法时,你觉得应就祭祀责任继承问题进行阐述,那么,既然立法设立了官职,你就应说说职权问题。

西塞罗:我尽可能简要说说吧。就官员职权的法律问题,你父亲的朋友马尔库斯·尤尼乌斯[1]曾撰写长篇论著献给你父亲。在我看来,该论著博大精深。我们只是专门探讨自然法,而关于罗马法,就遵循先例和传统吧。

阿提库斯:我也正是这么认为的。期待你谈谈刚才提到的……[2]

---

〔1〕 马尔库斯·尤尼乌斯(公元前143年—公元前55年),古罗马历史学家、古玩收藏家,著有《论职权》。——译注

〔2〕 原文此章以及其余部分,除后面的残篇外,均已散失无法找到。——译注

残 篇

1. 我们应当感到幸福，因为死后比活着更好，或者不会比活着更差。灵魂不受肉体束缚，神性就会显现；灵魂不受感官束缚，自然就不会有什么邪念。[1] ——摘自拉克坦提乌斯[2]：《神圣教规》第三卷第十九章第二节。

2. 正如宇宙是各组成部分彼此统一协调为一体一样，人类也如此，本性是联结为一体的；但是，因堕落而起纷争，意识不到彼此是血脉相连的，意识不到都服从于同一而唯一的保护神。倘若意识到这些，人类就会过上神仙般的生活。[3] ——摘自拉克坦提乌斯：《神圣教规》第五卷第八章第十节。

---

〔1〕 出自《论法律》何处不详。——译注

〔2〕 拉克坦提乌斯（240年或250年或260年—320年或330年），又译“拉克坦西”，古罗马拉丁文基督教作家，誉为“基督教的西塞罗”，著有《神圣教规》《天父工程》《论迫害者之死》等，君士坦丁大帝之子的家庭教师，其思想为君士坦丁大帝建立基督教帝国奠定了基础。——译注

〔3〕 出自《论法律》何处不详。——译注

3. 正午刚过,太阳略略西斜,这里的小树无法遮阴蔽日,何妨移步利里斯河畔,到赤杨树荫下,继续说说其余内容?〔4〕——摘自马克罗比乌斯〔5〕:《农神节》第五卷第六章第八节。

4. 要是无法在利弊之间做出选择,谁能保护联盟?〔6〕——摘自马克罗比乌斯:《希腊语与拉丁语词汇的异同》第十七章第六节。

---

〔4〕 马克罗比乌斯注明引自《论法律》第五卷。但是,该卷已散失。——译注

〔5〕 马克罗比乌斯(4世纪前后),又译"马克拉比",古罗马拉丁语作家,著有《农神节》《希腊语与拉丁语词汇的异同》。曾对西塞罗《论国家》中的《西庇阿之梦》进行注释。——译注

〔6〕 出自《论法律》第三卷,但具体位置不详。不过,从目前保存比较完整的《论法律》第三卷第十七节"一个人要是无法区分利弊,怎么能保护同盟者呢"的残余文字来看,这部分内容可能出自《论法律》第三卷第十七节。——译注

附录一

人物简介

阿非利加努斯，详见“普布利乌斯·科尔内利乌斯·西庇阿·埃米利安努斯”词条。

阿基乌斯（公元前170年—公元前85年？），古罗马诗人、剧作家。参见第二卷第二十一章第五十四节。

阿凯西劳斯（约公元前315—约公元前241年），又译“阿尔克西拉乌斯”，古希腊哲学家，曾掌管雅典学园，将雅典学园派带向怀疑论。参见第一卷第十三章第三十九节。

阿拉托斯（公元前315年？公元前310年？—公元前240年），古希腊学者和诗人，著有长诗《天象》，西塞罗青年时期将其译为拉丁文。参见第二卷第三章第七节。

阿里斯提德斯（公元前530年？—公元前468年？），遭放逐的古雅典著名政治人物。参见第三卷第十一章第二十六节。

阿里斯托(公元前3世纪),即“希俄斯的阿里斯托”,斯多葛学派学者,芝诺的朋友兼弟子。参见第一卷第十三章第三十八节和第二十一章第五十五节。

阿里斯托芬(约公元前446年—公元前385年),古希腊早期喜剧代表作家,雅典人,相传著有44部喜剧,享有“喜剧之父”之称。参见第二卷第十五章第三十七节。

阿玛尔塔娅,又译“阿玛耳忒亚”,古希腊山羊女神。宙斯出生后,其母将其交给阿玛尔塔娅照顾,后者用其乳汁哺养宙斯。阿玛尔塔娅庙,系阿提库斯在提阿弥斯河畔为阿玛尔塔娅女神建造的庙宇。参见第二卷第三章第七节。

阿皮乌斯·克劳狄乌斯·普尔喀(?—公元前49年),公元前54年任罗马执政官,支持庞培反对恺撒,公元前49年在希腊去世。其祖父与其同名,于公元前143年任罗马执政官;其父亲与其同名,于公元前79年任罗马执政官;其叔叔盖乌斯于公元前92年任罗马执政官。著有献给西塞罗的《占卜法》。参见第二卷第十三章第三十二节、第三十三节。

阿塞利奥,详见“普布利乌斯·森普尼乌斯·阿塞利奥”词条。

阿斯克勒庇俄斯,又译“埃斯克莱庇厄斯”“埃斯库拉皮乌斯”等,古希腊医神,阿波罗之子。参见第二卷第八章第十九节。

阿提库斯,详见“提图斯·庞波尼乌斯·阿提库斯”词条。

阿图斯·纳维乌斯(公元前6世纪),系罗马王政时代安库斯国王时期的占卜官。参见第二卷第十三章第三十三节。

埃庇米尼得斯(生卒不详),又译“埃皮门尼德”,克里特预言家、作家。参见第二卷第十一章第二十八节。

埃吉丽娅,又译“厄革里亚”“厄格里亚”“埃格里亚”“埃吉丽亚”等,又称“宁芙女神细叶”等,古罗马自然女神。一说认为埃吉丽娅系努马的妻子,另一说认为埃吉丽娅系努马的情人。据传,努马接任国王后,在治国理政方面,经常咨询女神埃吉丽娅的意见。后来,“埃吉丽娅”成为顾问的代名词。参见第一卷第一章第四节。

安菲阿拉奥斯,据传,系古希腊阿耳戈斯国王、著名预言家。参见第二卷第十三章第三十三节。

安皮乌斯(生卒不详),全名“提图斯·安皮乌斯·巴尔波斯”,系西塞罗和庞培的支持者,公元前 63 年担任保民官,公元前 59 年担任裁判官,内战时站在元老院和庞培一边。参见第二卷第三章第六节。

安提库斯(公元前 130 年或公元前 120 年—约公元前 68 年),又译“安提奥科斯”,古希腊哲学家,曾任雅典学园主持人(公元前 88 年—公元前 68 年),西塞罗的老师。其学说倾向斯多葛学派,但带有折中主义特征,认为柏拉图雅典学园派、亚里士多德逍遥学派和芝诺斯多葛学派本质上一致。参见第一卷第二十一章第五十五节。

奥德修斯,又译“俄底修斯”,古罗马人称为“尤利西斯”,古希腊神话英雄,《荷马史诗》之二《奥德赛》主角。据传,系古希腊西部伊塔卡岛国王,曾参加特洛伊战争。战争结束后,历经艰辛返回故乡,与妻儿团聚。参见第一卷第一章第二节。

奥卢斯·伽比尼乌斯(公元前 2 世纪),公元前 139 年任平民保民官时,提出官员选举时采用票板表决法。参见第三卷第十六章第三十五节。

奥卢斯·托尔卡图斯,似指公元前 244 年、公元前 241 年两次担任罗马执政官的奥卢斯·曼利乌斯·托尔卡图斯。参见第二卷第二十二章第五十五节。

柏拉图(公元前 427 年—公元前 347 年),古希腊伟大哲学家,与老师苏格拉底、学生亚里士多德并称“古希腊三贤”,著有《理想国》《法律篇》等。参见第一卷第五章第十五节、第二十一章第五十五节和第二卷第三章第六节、第六章第十四节、第七章第十六节至第十七节、第十五章第三十八节、第十六章第四十一节、第十八章第四十五节、第二十七章以及第三卷第一章第一节、第二章第四节、第六章第十四节、第十四章第三十二节。

北风神,又译“伯雷”,古希腊神话人物玻瑞阿斯。玻瑞阿斯爱上雅典国王厄瑞克透斯的女儿奥莉提娅(又译“俄瑞提亚”),但国王反对。玻瑞阿斯趁着奥莉提娅在河边同女伴们游戏之际,刮起北风将其掠走。为了向雅典人示好,玻瑞阿斯在色萨利欧玻亚岛摧毁了波斯国王薛西斯的舰队。作为回报,雅典人在伊利索斯河畔为其修建了祭坛。参见第一卷第一章第三节。

毕达哥拉斯(约公元前 580 年—约公元前 500 年),古希腊数学家、哲学家。第一卷第十二章第三十四节和第二卷第十一章第二十六节。

庇塔库斯(公元前 7 世纪),古希腊七贤之一,传说中的古希腊立法者。参见第二卷第二十五章第六十六节。

波吕克斯,详见“卡斯托尔与波吕克斯”词条。

波吕伊多斯,据传,系古希腊科林斯的著名预言家和医生。参见第二卷第十三章第三十三节。

大母神,指弗里几亚人崇拜的女神库柏勒。对库柏勒的崇拜,于公元前 204 年传入罗马。参见第二卷第九章第二十二节、第十六章第四十节。

大西庇阿,详见“普布利乌斯·科尔内利乌斯·西庇阿”词条。

德米特里(公元前 350 年—公元前 280 年),又称“法勒鲁姆的德米特里”“法勒鲁姆人德米特里”等,出生于古希腊港口城市法勒鲁姆,雅典演说家、政治家、哲学家、作家。狄奥弗拉斯特的学生,早期逍遥学派成员之一,第一个汇编《伊索寓言》之人。接受马其顿国王卡山德的授权,成为雅典僭主,治理雅典 10 年,对法律进行重要改革,直至公元前 307 年遭反卡山德势力驱除出境。参见第二卷第二十五章第六十四节、第二十六章第六十六节和第三卷第六章。

德西穆斯・布鲁图斯(?—公元前 43 年),公元前 138 年任罗马执政官。参见第二卷第二十一章第五十四节和第三卷第九章第二十节。

狄阿冈达斯(生卒不详),古希腊时代底比斯立法者。参见第二卷第十五章第三十七节。

狄奥弗拉斯特(约公元前 372 年—公元前 287 年),又译“狄奥弗拉斯图”“西奥弗拉斯塔”“德奥佛拉斯多斯”“提奥夫拉斯图斯”等,古希腊哲学家、植物学奠基人。公元前 348 年,离开雅典学园,师从亚里士多德。在亚里士多德创办吕克昂学园后,狄奥弗拉斯特成为亚里士多德的得意门生和主要助手,后主持吕克昂学园。参见第一卷第十三章第三十八节、第二卷第六章第十五节和第三卷第五章第十三节、第六章第十四节。

狄奥格涅斯(约公元前 235 年—公元前 150 年),又译“狄奥革涅斯”“第欧根尼”,又称“斯多葛学派的狄奥格涅斯”“塞琉基亚的狄奥格涅斯”“斯多葛学派的第欧根尼”等,古希腊罗德岛人,系斯多葛学派哲学家,非指犬儒学派代表人物第欧根尼(约公元前 412 年—公元前 324 年)。公元前 156 年,斯多葛学派哲学家狄奥格涅斯、雅典学园派怀疑论哲学家卡涅阿德斯和逍遥学派哲学家克里托劳斯(约公元前 2 世纪)组成希腊公务使团访问罗马,对古希腊哲学在罗马的传播起了很大促进作用。参见第三卷第五章第十三节。

狄奥庞普斯，详见“斯巴达的狄奥庞普斯”“希俄斯岛的狄奥庞普斯”词条。

狄西阿库斯（约公元前355年—约公元前285年），西西里的墨西拿人，古希腊哲学家、地理学家。参见第三卷第六章第十四节。

蒂迈欧，又译“提迈奥斯”，系柏拉图著作《蒂迈欧篇》的主要对话人。根据该书，蒂迈欧是古希腊的意大利殖民城邦洛克里斯的公民，持毕达哥拉斯学派观点。参见第二卷第六章第十五节。

恩尼乌斯（公元前239年—公元前169年），古罗马诗人、戏剧家，曾随大西庇阿参加第二次布匿战争，在古罗马文学史上占有重要的地位，很受西塞罗敬重。参见第二卷第二十二章第五十七节、第二十七章第六十八节。

法比乌斯·皮克托（约公元前260年—约公元前190年），可能系最早的罗马编年史作家，其著作《编年史》用希腊文记载了埃涅阿斯至第一、二次布匿战争时期的古罗马历史。参见第一卷第二章第六节。

法尼乌斯，详见“盖乌斯·法尼乌斯”词条。

菲利普斯（生卒不详），即卢修斯·马修斯·菲利普斯，公元前91年任排名第二的罗马执政官。参见第二卷第十二章第三十一节。

费德鲁斯（公元前140年—公元前70年），又译“斐德罗斯”，伊壁鸠鲁学派哲学家，西塞罗的老师。曾在罗马为奴，后获释放。参见第一卷第二十章第五十三节。

弗拉米尼乌斯（？—公元前217年），公元前232年担任保民官时，建议给平民分配土地，遭到贵族反对；公元前 223 年担任执政官，公元前 220 年任担任监察官，公元前 217 年再次担任执政官并在与汉尼拔军队作战时血染沙场。参见第三卷第九章第二十节。

伽比尼乌斯，详见“奥卢斯 · 伽比尼乌斯”词条。

盖乌斯 · 波皮利乌斯（公元前 2 世纪），因被高卢的提吉利尼人打败而接受屈辱的投降条件，被盖乌斯 · 科利乌斯 · 卡尔杜斯指控犯有叛国罪。未等审判，波皮利乌斯即自行放逐。参见第二卷第二十二章第五十五节和第三卷第十六章第三十五节。

盖乌斯 · 法布里基乌斯（生卒不详），公元前 282 年、公元前 278 年、公元前 273 年任古罗马执政官。参见第二卷第二十三章第五十八节。

盖乌斯 · 法尼乌斯（生卒不详），斯多葛学派中期代表人物帕奈提奥斯的学生，公元前 130 年当选罗马保民官，公元前 126 年当选罗马裁判官，公元前 122 年当选罗马执政官。参见第一卷第二章第六节。

盖乌斯 · 菲古卢斯，似指盖乌斯 · 马尔库斯 · 菲古卢斯（生卒不详），公元前 64 年担任罗马执政官。参见第二卷第二十五章第六十二节。

盖乌斯 · 科利乌斯 · 卡尔杜斯（公元前 2 世纪—公元前 1 世纪），公元前 94 年担任执政官。公元前 107 年担任平民保民官时将票板表决扩至叛国罪的审判，为的就是给波皮利乌斯定罪。参见第三卷第十六章第三十五节。

盖乌斯 · 克劳狄乌斯 · 普尔喀（公元前 2 世纪—公元前 1 世纪），公元前 92 年担任罗马执政官，保民官萨图尔尼努斯的反对者。参见第三卷第十九章第四十三节。

盖乌斯·库里阿提乌斯(公元前2世纪),公元前138年担任保民官。参见第三卷第九章第二十节。

盖乌斯·利基尼乌斯·马克鲁斯(? —公元前66年),公元前73年担任保民官,公元前68年担任裁判官,罗马编年史作家。参见第一卷第二章第七节。

盖乌斯·马略(公元前157年—公元前86年),古罗马军队统帅,生于阿尔皮奴姆,西塞罗同乡,唯一七次当选罗马执政官之人。公元前119年当选保民官,公元前107年首次当选执政官。公元前86年1月13日在执政官任内病逝,是年西塞罗20岁。参见第一卷第一章第一节至第四节、第二卷第二十二章第五十六节和第三卷第十七章第三十九节。

盖乌斯·帕皮利乌斯·卡尔波(? —公元前119年),公元前131年任平民保民官时,提出票板表决通过立法议案。曾支持提比略·格拉古的土地改革法案,后来又予以反对。公元前120年任执政官。公元前119年被判处有罪后自杀身亡。参见第三卷第十六章第三十五节。

盖约·格拉古(公元前154年—公元前121年),古罗马政治家,提比略·格拉古的弟弟,公元前123年、公元前122年担任保民官。试图继承兄长的土地改革大业等,最终被罗马元老院军队逼迫而死。参见第三卷第九章第二十节。

格拉古,详见“提比略·格拉古”“盖约·格拉古”词条。

格奈乌斯·奈维乌斯(约公元前270年—公元前204年或公元前201年),古罗马剧作家、诗人。参见第二卷第十五章第三十九节。

格涅乌斯·卡尔波(公元前130年—公元前82年),即“格涅乌斯·帕皮利乌斯·卡尔波”,曾三次当选罗马执政官。参见第三卷第十九章第四十三节。

格涅乌斯·庞培(公元前106年—公元前48年),又译“格奈乌斯·庞贝”,古罗马共和国末期著名军事家和政治家。在庞培、恺撒、克拉苏三巨头同盟之间发生矛盾时,西塞罗是庞培的有力支持者。公元前57年,在庞培力推下,元老院通过决议,召回此前被放逐的西塞罗。参见第一卷第三章第八节、第二卷第三章第六节和第三卷第九章第二十二节、第十一章第二十七节。

海格力斯,又译“赫拉克勒斯”,古希腊神话中的伟大英雄,天神宙斯与阿尔克墨涅之子,天生力大无穷。参见第二卷第八章第十九节、第十一章第二十七节。

墨吉鲁斯,柏拉图《法律篇》中的对话人物。参见第一卷第五章第十五节。

贺雷修斯·科克勒斯,古罗马共和国早期英雄。大约公元前509年,敌人侵犯罗马,贺雷修斯站在台伯河的一座大桥上以一当十阻挡敌军进犯,并下令砍断自己身后桥梁以阻止敌军进攻。参见第二卷第四章第十节。

赫尔墨斯,古希腊神话的商旅、畜牧之神和路神,也是众神使者,奥林匹斯十二主神之一。古代雅典阿提卡大道上竖有赫尔墨斯石柱,雅典城中路口转角处亦竖有赫尔墨斯石柱。其石柱上部刻有赫尔墨斯像等。参见第二卷第二十六章第六十五节。

赫拉克利德斯(公元前387年?—公元前312年?),又称“本都的赫拉克利德斯”,古希腊哲学家、天文学家,柏拉图的学生,亚里士多德的密友。参见第三卷第六章第十四节。

赫勒诺斯,据传,系古希腊著名预言家。参见第二卷第十三章第三十三节。

基伦(?—约公元前621年),又译“库隆”,古希腊雅典贵族。

公元前632年，基伦发动政变，企图建立僭主政治但失败。基伦逃亡，其支持者逃至雅典娜神庙避难。根据古希腊传统，任何人都不能加害逃至神庙者，否则，就会遭到雅典娜的诅咒。当时的主要执政官美伽克勒斯承诺，只要他们愿意走出神庙，就会得到宽恕，但是，这些人走出神庙后即遭屠杀。这就是“基伦事件”。当时的希腊人把此事视为最严重的“渎神”行为。雅典人心惶惶，担心神灵会迁怒于整个雅典卫城。恰巧随后雅典发生系列天灾。执政官美伽克勒斯是著名的阿尔克门尼德家族成员，是他违背宗教原则，下令在神面前杀死叛乱者，犯下渎神罪。因此，人们指责阿尔克门尼德家族为女神的罪人和被诅咒者。在惶恐下，雅典人的愤怒爆发，决定惩罚阿尔克门尼德家族，放逐他们全家族，并挖开坟墓，掘出了阿尔克门尼德家族先辈的尸体。对阿尔克门尼德家族采取一系列惩罚措施后，雅典又暴发一场瘟疫。最后，雅典人邀请预言家埃庇米尼得斯至雅典，净化这座受“污染”的城市。雅典人听取埃庇米尼得斯的建议，建造庙宇，献祭女神，请其息怒。之后，瘟疫逐渐得到控制。雅典人很感激埃庇米尼得斯，送其大量财富，但是，埃庇米尼得斯只拿走一株橄榄树。参见第二卷第十一章第二十八节。

加图，详见“马尔库斯·波尔基乌斯·加图（公元前234年—公元前149年）”或者“马尔库斯·波尔基乌斯·加图（公元前95年—公元前46年）”词条。

居鲁士大帝（公元前600年—公元前530年），波斯帝国皇帝，曾统一古中东部分地区，建立从印度到地中海的特大帝国，当代伊朗人尊其为“伊朗国父”。参见第二卷第二十二章第五十六节。

卡尔卡斯，据传，系古希腊著名预言家，特洛伊战争中希腊联军的占卜师，曾预言特洛伊战争将持续十年之久。与莫普索斯在比试预言本领时失败，后忧伤而死。参见第二卷第十三章第三十三节。

卡拉提努斯（？—公元前216年），又译“卡拉蒂努斯”，古罗马政治家、军事家，公元前258年、公元前254年先后担任执政官。在第一次布匿战争期间，卡拉提努斯奉“希望”为神并建造庙宇。参见第二卷第十一章第二十八节。

卡伦达斯（约公元前6世纪），又译“卡隆达斯”，古希腊殖民地西西里立法者。卡伦达斯规定，公民不得携带武器参加集会。据传，有一次他不慎佩剑参加集会。卡伦达斯意识到践踏到了自己所立之法，随即拔剑自刎而死。为防止野心家武断修改其所立之法，卡伦达斯规定：在立法会议讨论之时，要在提议修改之人脖子套上绳索，一旦提议被否决，就勒死提议之人。参见第一卷第二十二章第五十七节、第二卷第六章第十四节和第三卷第二章第五节。

卡涅阿德斯（公元前214年—公元前129年），古希腊怀疑派哲学家，曾掌管雅典学园。

卡斯托尔与波吕克斯，系宙斯与勒达的孪生子，前者系古罗马骑士之神，后者系古罗马步兵之神。卡斯托尔，又译“卡斯托耳”。波吕克斯，又译“波吕丢刻斯”“波吕尼刻斯”等。参见第二卷第八章第十九节。

卡西乌斯，详见“卢修斯·卡西乌斯”词条。

科利乌斯·安提帕特（公元前2世纪），罗马编年史作家，撰有第二次布匿战争史。参见第一卷第二章第六节。

克莱尼阿斯，柏拉图《法律篇》中的对话人物。参见第一卷第五章第十五节。

克劳狄乌斯，详见“昆图斯·克劳狄乌斯·夸德里格里乌斯”“盖乌斯·克劳狄乌斯·马尔克卢斯”“阿皮乌斯·克劳狄乌斯·普尔喀”“盖乌斯·克劳狄乌斯·普尔喀”词条。

克里斯提尼（公元前6世纪），古希腊雅典城邦著名政治改革家。公元前509年联合平民推翻贵族统治，当选为首席执政官。在梭伦改革的基础上，再次实行社会改革，后遭贵族反对派放逐。参见第二卷第十六章第四十一节。

克里塔尔库斯（约公元前4世纪），希腊历史学家，曾随亚历山大东征，撰有文笔优美的《亚历山大史》。参见第一卷第二章第七节。

克洛狄乌斯，详见“普布利乌斯·克洛狄乌斯·普尔喀”词条。

克瑞斯，系罗马神话中的丰收女神。罗马克瑞斯神庙建于公元前496年，每年4月19日举行祭祀仪式。据传，克瑞斯教会人类耕种，给予大地生机；具有无边法力，可以使土地肥沃、植物茂盛、五谷丰登，也可以令大地枯萎、万物凋零、寸草不生；可以让人拥有享之不尽的财富，也可以让人家徒四壁、一贫如洗。参见第二卷第九章第二十二节。

刻克洛普斯，传说中的雅典第一位国王。参见第二卷第二十五章第六十三节。

库里乌斯，详见“马尼乌斯·库里乌斯·登塔图斯”词条。

奎里努斯，既是古罗马人的守护神，又是萨宾人的战神。参见第一卷第一章第三节和第二卷第八章第十九节。

昆图斯·凯基利乌斯·墨特卢斯·努米底库斯（公元前160年—公元前91年），公元前109年担任罗马执政官，公元前102年担任罗马监察官，公元前100年因不支持萨图尔尼努斯土地法而自我放逐。参见第三卷第十一章第二十六节。

昆图斯·克劳狄乌斯·夸德里格里乌斯（公元前1世纪早期），古罗马历史学家。参见第一卷第二章第六节。

昆图斯·罗斯基乌斯·盖卢斯（公元前126年？—公元前62年？），古罗马著名演员，公元前80年，罗斯基乌斯为保护家产，与独裁者苏拉宠信克里索古努斯发生矛盾，被控谋杀。当时，所有律师都惧怕触怒苏拉而不敢接手此案。初出茅庐的西塞罗，没有畏惧原告后台，毅然接受委托，出庭为罗斯基乌斯辩护，大获成功，从此声名鹊起。参见第一卷第四章第十一节。

昆图斯·穆西乌斯·斯凯沃拉（约公元前140年—公元前89年），又称“斯凯沃拉占卜官”，公元前95年任罗马执政官，古罗马共和时期政治家、法学家，西塞罗的法学老师，著有《市民法》等法学理论著作。曾担任古罗马大祭司、占卜官。参见第一卷第一章第一节、第四章第十三节和第二卷第十九章至第二十一章、第二十二章第五十七节。

昆图斯·图利乌斯·西塞罗（公元前102年？—公元前43年），作家，西塞罗胞弟、阿提库斯妹夫。公元前66年当选市政官，公元前62年当选司法保民官，公元前61年至公元前59年担任亚细亚行省总督，高卢战争期间在恺撒部下任副将。西塞罗在《论法律》中设定的对话人物。

拉克坦提乌斯（240年或250年或260年—320年或330年），又译“拉克坦西”，古罗马拉丁文基督教作家，誉为“基督教的西塞罗”，著有《神圣教规》《天父工程》《论迫害者之死》等，君士坦丁大帝之子的家庭教师，其思想为君士坦丁大帝建立基督教帝国奠定了基础。参见“残篇”。

来库古（公元前800年？—公元前730年？），又译“莱库古”“吕库古”“来库格斯”等，据传系古希腊斯巴达王国著名立法者。也有人认为，这只是传说中的人物。参见第一卷第二十二章第五十七节。

老加图，详见“马尔库斯·波尔基乌斯·加图”（公元前234年—公元前149年）词条。

老塔克文，详见“卢修斯·塔克文·普里斯库斯”词条。

勒纳斯，详见“普布利乌斯·波皮利乌斯·勒纳斯”词条。

雷慕斯，又译“勒慕斯”“瑞慕斯”等，传说系罗慕路斯的孪生弟弟。参见第一卷第三章第八节。

李维乌斯，详见“马尔库斯·李维乌斯·德鲁苏斯”“李维乌斯·安德罗尼库斯”词条。

李维乌斯·安德罗尼库斯（公元前280年？—公元前204年），古希腊人，古罗马诗人、剧作家，约公元前272年作为战俘来到罗马，后成为罗马元老李维乌斯的奴隶、家庭教师。将《奥德赛》译为拉丁文。公元前207年受大祭司团委托，撰写祭祀颂歌，庆祝第二次布匿战争转败为胜。参见第二卷第十五章第三十九节。

卢克蕾媞娅，又译“卢克蕾提亚”“卢克丽缇娅”“鲁克莱西亚”“鲁克丽丝”等，罗马妇人。据传，公元前509年，被罗马第七任国王塔克文之子塞克斯图斯强暴后的卢克蕾媞娅，当着父亲特里西皮提努斯、丈夫卢修斯·塔克文·柯拉汀（又译“克雷提乌斯”）以及其他亲友之面，将此事告知丈夫，请他报仇，然后当众自杀身亡。此事激起民愤，引发革命，使王政被推翻，古罗马进入共和国时期，布鲁图与柯拉汀共同担任第一任执政官。参见第二卷第四章第十节。

卢修斯·阿基利乌斯（公元前2世纪），古罗马早期法学家，撰有《十二铜表法》的评注。参见第二卷第二十三章第五十九节。

卢修斯·阿普列尤斯·萨图尔尼努斯（？—公元前100年），公元前104年担任财政官，公元前103年、公元前100年担任保民官，提出的土地法遭到贵族反对，后于监禁在元老院期间被杀。参见第三卷第九章第二十节、第十一章第二十六节。

卢修斯·埃利乌斯（约公元前150年—公元前90年），古罗马法学家，西塞罗的老师。参见第二卷第二十三章第五十九节。

卢修斯·奥列利乌斯·科塔（公元前1世纪），公元前70年任罗马裁判官,公元前 65 年任罗马执政官,公元前 64 年任罗马监察官,公元前 63 年支持西塞罗反对喀提林,反对放逐西塞罗。参见第三卷第十九章第四十五节。

卢修斯·格利乌斯(公元前 1 世纪),系西塞罗好友,并非哲学家,公元前 72 年担任执政官,公元前 70 年担任监察官,支持西塞罗反对喀提林,恺撒的反对者。参见第一卷第二十章第五十三节。

卢修斯·卡尔普尔尼乌斯·皮索·弗鲁吉(生卒不详),公元前 133 年当选执政官,古罗马编年史作家,撰写了自罗马建城至其生活时代的历史。参见第一卷第二章第六节。

卢修斯·卡西乌斯(公元前 2 世纪),公元前 137 年任平民保民官时,提出将秘密投票扩大至除叛国罪以外的人民审判活动,并得到小西庇阿的支持。公元前 127 年任执政官,公元前 125 年任监察官。参见第三卷第十六章第三十五节、第三十七节。

卢修斯·李锡尼·克拉苏(公元前 140 年—公元前 91 年),罗马政治家、法学家、演说家。公元前 95 年担任罗马执政官。其学生西塞罗认为,他是当时罗马最出色的演说家。非指与庞培、恺撒组成前三头政治同盟的马尔库斯·李锡尼·克拉苏(约公元前 115 年—公元前 53 年)。参见第三卷第十九章第四十三节。

卢修斯·李锡尼·卢库卢斯(公元前 117 年? —公元前 56 年),古罗马将军和执政官。战功赫赫,生活奢侈,热衷美食。参见第三卷第十三章第三十一节。

卢修斯·塔克文·普里斯库斯(? —公元前 579 年),又称“老塔克文”“塔克文一世”,罗马王政时期第五位国王(公元前 616 年—公元前 579 年)。相传,塔克文和妻子塔娜奎尔从塔克文尼出发移民罗马途中,有只老鹰叼走塔克文的帽子旋即又戴回其头上。其妻认为,这是她丈夫即将发达的迹象。后来,塔克文获得罗马王政时期第四任国王安库斯·马尔西乌斯的信任并被委以重任。参见第一卷第一章第四节。

卢修斯·塔克文·苏佩布(?—公元前496年),也称“小塔克文”“高傲者塔克文”,罗马王政时代第七任国王(公元前535年—公元前509年),罗马第五代国王卢修斯·塔克文·普里斯库斯(老塔克文)之子。参见第二卷第四章第十节。

罗慕路斯(约公元前771年—约公元前716年),公元前753年建立罗马,担任第一任国王(公元前753年—公元前716年)。参见第一卷第一章第三节、第三章第八节和第二卷第十三章第三十三节。

罗斯基乌斯,详见“昆图斯·罗斯基乌斯·盖卢斯”词条。

马尔克卢斯,即盖乌斯·克劳狄乌斯·马尔克卢斯,公元前50年任排名第二的罗马执政官。参见第二卷第十三章第三十二节、第三十三节。

马尔库斯·奥克塔维乌斯(公元前2世纪),公元前133年担任古罗马保民官,其父格涅乌斯·奥克塔维乌斯于公元前165年担任古罗马执政官,其兄弟格涅乌斯·奥克塔维乌斯于公元前128年担任古罗马执政官,其侄儿格涅乌斯·奥克塔维乌斯于公元前87年担任古罗马执政官。他因反对提比略的土地法案,在提比略提议下,被罢免保民官职务。后来,此人成为提比略的政敌并联手其他人将提比略置于死地。参见第三卷第十章第二十四节。

马尔库斯·波尔基乌斯·加图(公元前234年—公元前149年),即“老加图”,又称“监察官加图”,公元前195年当选执政官,公元前184年当选监察官,系罗马历史上第一个重要的拉丁语散文作家。著有《创始记》,记述罗马自建城以来至第二次布匿战争结束的历史,也包括意大利其他城邦和部落的历史以及其所在时代的大事。参见第一卷第二章第六节、第二卷第二章第五节。

马尔库斯·波尔基乌斯·加图(公元前95年—公元前46年),即“小加图”,系“老加图”曾孙,罗马共和国末期著名共和派人物、政治家、演说家,斯多葛学派追随者。参见第三卷第十八章第四十节。

马尔库斯·格拉提狄乌斯(?—公元前102年),公元前106年任平民保民官,公元前102年战死于基利基亚。参见第三卷第十六章第三十六节。

马尔库斯·李维乌斯·德鲁苏斯(生卒不详),公元前91年担任古罗马保民官,提出《李维乌斯法》,主要内容是要求分配土地、赋予意大利人公民权、改革审判制度等。李维乌斯遭杀害后,法案遭否决,从而引发半个意大利反对罗马的“同盟战争”。参见第二卷第六章第十四节、第十二章第三十一节。

马尔库斯·马略(?—公元前82年),格拉提狄乌斯之子,系盖乌斯·马略的养子,公元前85年、公元前84年担任裁判官,公元前82年遭喀提林残酷杀害。参见第三卷第十六章第三十六节。

马尔库斯·斯考鲁斯(公元前163年—公元前90年),公元前115年担任执政官,公元前109年担任监察官。参见第三卷第十六章第三十六节。

马尔库斯·尤尼乌斯(公元前143年—公元前55年),古罗马历史学家、古玩收藏家,著有《论职权》。参见第三卷第二十章第四十八节。

马克鲁斯,详见“盖乌斯·利基尼乌斯·马克鲁斯”词条。

马克罗比乌斯(4世纪前后),又译“马克拉比”,古罗马拉丁语作家,著有《农神节》《希腊语与拉丁语词汇的异同》。曾对西塞罗《论国家》中的《西庇阿之梦》进行注释。参见“残篇”。

马略,详见“盖乌斯·马略”词条。

马尼乌斯·库里乌斯·登塔图斯(? —公元前 270 年),古罗马军事活动家和政治家,公元前 290 年、公元前 284 年、公元前 275 年和公元前 274 年先后 4 次当选执政官,公元前 272 年当选监察官。参见第二卷第一章第三节。

密涅瓦女神,古罗马神话中的智慧女神,对应古希腊的雅典娜女神。参见第二卷第十七章第四十二节。

莫普索斯,据传,系古希腊著名预言家。参见第二卷第十三章第三十三节。

墨兰波斯,据传,系波吕伊多斯的曾祖父,古希腊著名预言家和医生。参见第二卷第十三章第三十三节。

墨特卢斯,详见“昆图斯·凯基利乌斯·墨特卢斯·努米底库斯”词条。

奈维乌斯,详见“格奈乌斯·奈维乌斯”词条。

努马·庞皮留斯(公元前 753 年—公元前 673 年),罗马王政时期第二任国王(公元前 716 年—公元前 673 年),系曾与罗慕路斯共同执政的萨宾国王提图斯的女婿。参见第一卷第一章第四节和第二卷第十章第二十三节、第十二章第二十九节、第二十二章第五十六节。

帕勒蒙(? —公元前 270 年),古希腊哲学家。公元前 314 年,继色诺克拉底掌管雅典学园。参见第一卷第十三章第三十八节。

帕奈提奥斯(公元前 185 年? —公元前 105 年?),古希腊罗得斯岛人,斯多葛学派哲学家,小西庇阿的朋友。在罗马主要讲授斯多葛派哲学,很有影响。参见第三卷第六章第十四节。

庞培,详见“格涅乌斯·庞培”词条。

皮媞娅,又译为“皮提娅”“皮提亚”“琵西雅”等,古希腊德尔斐神庙的女祭司,专司传达阿波罗神谕之职。参见第一卷第二十三章第六十一节和第二卷第十六章第四十节。

皮索,详见“卢修斯·卡尔普尔尼乌斯·皮索·弗鲁吉”词条。

普布利科拉,似指传说中的普布利乌斯·瓦莱里乌斯·普布利科拉,系驱逐罗马王政时代最后一任国王小塔克文的关键人物。人民信任他,称其为“普布利科拉”,即“人民之友”之意。参见第二卷第二十三章第五十八节。

普布利乌斯·波皮利乌斯·勒纳斯(公元前 2 世纪),公元前 132 年担任执政官时主持审判提比略·格拉古的支持者,公元前 123 年遭盖约·格拉古放逐,公元前 121 年返回罗马。参见第三卷第十一章第二十六节。

普布利乌斯·科尔内利乌斯·西庇阿(公元前 235 年—公元前 183 年),又称“大西庇阿”,古罗马统帅、政治家。他是第二次布匿战争中罗马方面主将之一,由于西庇阿的胜利,罗马人以绝对有利的条件结束第二次布匿战争,因此,西庇阿获得“阿非利加努斯征服者”称号。参见第三卷第二十二章第五十七节。

普布利乌斯·科尔内利乌斯·西庇阿·埃米利安努斯(公元前 185 年或公元前 184 年—公元前 129 年),又称“小西庇阿”“斯奇比奥”“斯基皮奥”等,罗马共和国军事将领,两次担任执政官。系曾任执政官和监察官、在第三次马其顿战争中击败马其顿国王珀尔修斯的英雄卢修斯·埃米利乌斯·保卢斯·马其顿尼库斯之子。后过继给大西庇阿之子普布利乌斯·科尔内利乌斯·西庇阿。他率军攻陷迦太基城,结束罗马与迦太基的百年争霸,故又称“阿非利加努斯”。参见第一卷第六章第二十节、第九章第二十七节和第三卷第五章第十二节、第十六章第三十七节、第十七章第三十八节。

普布利乌斯·科尔内利乌斯·西庇阿·纳西卡·塞拉皮奥

(公元前 183 年—公元前 132 年),系大西庇阿的孙子、提比略的表兄,公元前 138 年担任罗马执政官、大祭司,提比略的坚决反对者,于公元前 133 年带领民众杀死提比略。参见第三卷第九章第二十节。

普布利乌斯·克洛狄乌斯·普尔喀(公元前 92 年?—公元前 52 年),公元前 54 年任罗马执政官的阿皮乌斯·克劳狄乌斯·普尔喀之弟。普布利乌斯为竞选保民官,让一个平民收养自己,放弃"克劳狄乌斯"姓氏而改为平民使用的"克洛狄乌斯"姓氏。公元前 61 年任罗马财务官,公元前 59 年任罗马保民官,公元前 56 年任罗马市政官。公元前 62 年,普布利乌斯男扮女装潜入时任罗马大祭司的恺撒家,参加只允许女性参加的女神祭祀秘仪,后遭西塞罗等指控当晚与恺撒妻子有染。当选保民官后,提议制定法律驱逐西塞罗。公元前 52 年,在罗马郊外阿庇安大道上被政敌杀死。参见第二卷第十四章第三十六节、第十七章第四十二节和第三卷第九章第二十一节、第十一章第二十六节。

普布利乌斯·穆西乌斯·斯凯沃拉(?—约公元前 115 年),又称"斯凯沃拉大祭司",昆图斯·穆西乌斯·斯凯沃拉之父,古罗马共和时期政治家、法学家。公元前 133 年任罗马执政官,曾担任古罗马最高大祭司。参见第二卷第十九章至第二十一章和第二十二章第五十七节。

普布利乌斯·森普尼乌斯·阿塞利奥(约公元前 158 年—公元前 91 年),古罗马历史学家。参见第一卷第二章第六节。

普布利乌斯·苏尔皮西乌斯·鲁弗斯(公元前 121 年—公元前 88 年),古罗马演说家、政治家,公元前 88 年担任古罗马保民官时遭苏拉杀害。非指塞尔维乌斯·苏尔皮西乌斯·鲁弗斯(约公元前 106 年—公元前 43 年),古罗马法学家。参见第三卷第九章第二十节。

普罗库鲁斯·尤利乌斯(公元前8世纪),古罗马早期元老。据传,有一天罗慕路斯检阅军队时,突然狂风大作,雷暴不已,伸手不见五指,罗慕路斯随即离奇消失不见。普罗库鲁斯·尤利乌斯随后宣称:罗慕路斯已羽化升天,成为罗马战神、守护神“奎里努斯”,嘱咐为其建造庙宇。参见第一卷第一章第三节。

萨巴兹乌斯,又称“萨巴兹奥斯”,系弗里几亚神话中司职天空之神,对应希腊神话中的宙斯,在弗里几亚与色雷斯得到广泛崇拜与供奉,后影响遍及古希腊和古罗马。参见第二卷第十五章第三十七节。

萨图尔尼努斯,详见“卢修斯·阿普列尤斯·萨图尔尼努斯”词条。

塞尔维乌斯·苏尔皮西乌斯·鲁弗斯(约公元前106年—公元前43年),公元前51年担任罗马执政官。古罗马法学家,创立塞尔维乌斯学派,对罗马法技术影响巨大。西塞罗认为,他是少数几个法学成就超越自己的学者。参见第一卷第五章第十七节。

塞克斯图斯·埃利乌斯(生卒不详),古罗马早期法学家,公元前198年担任古罗马执政官,撰有论述《十二铜表法》的著作。参见第二卷第二十三章第五十九节。

塞克斯图斯·塔克文(生卒不详),系卢修斯·塔克文·苏佩布之子。参见第二卷第四章第十节。

塞克斯图斯·提提乌斯(生卒不详),公元前99年担任古罗马保民官,提出《提提乌斯法》土地法,旨在保障平民权益但遭到贵族反对。因家里有萨图尔尼努斯的半身像被判处犯有叛国罪。参见第二卷第六章第十四节。

色诺芬(约公元前440年—公元前355年),苏格拉底的学生,古希腊历史学家、思想家，军事才能突出，著有《长征记》等。其著作《居鲁士的教育》详细记载了居鲁士的葬礼。参见第二卷第二十二章第五十六节。

色诺克拉底（？—公元前314年），希腊哲学家、柏拉图的学生，继斯珀西波斯掌管雅典学园。参见第一卷第十三章第三十八节。

斯巴达的狄奥庞普斯（？—公元前675年），又译“特奥蓬波斯”，公元前720年至公元前675年任斯巴达君主。据传，因设立监察官与国王分享权力而受到妻子抱怨传给子孙的权力变小时，狄奥庞普斯回答说：“不是更小了，是更大了，而且将留传得更久远。”参见第三卷第七章第十六节。

斯凯沃拉，详见“昆图斯·穆西乌斯·斯凯沃拉”或者“普布利乌斯·穆西乌斯·斯凯沃拉”词条。

斯珀西波斯（公元前408年？—公元前339年？），古希腊哲学家，柏拉图的外甥。柏拉图去世后，斯珀西波斯掌管雅典学园。参见第一卷第十三章第三十八节。

苏尔皮西乌斯，详见“塞尔维乌斯·苏尔皮西乌斯·鲁弗斯”“普布利乌斯·苏尔皮西乌斯·鲁弗斯”词条。

苏格拉底（公元前469年或公元前470年—公元前399年），古希腊哲学家，柏拉图和色诺芬的老师。参见第一卷第十二章第三十三节、第二十一章第五十六节和第二卷第三章第六节。

苏拉（公元前138年—公元前78年），古罗马军事统帅，奴隶主贵族政治家，罗马第一个终身独裁官，开创军事独裁统治先河。参见第一卷第十五章第四十二节。

梭伦（约公元前640年—约公元前558年），古希腊雅典城邦著名改革家、政治家、立法者、诗人，古希腊七贤之一。公元前594

年出任雅典城邦执政官，制定法律，进行改革，史称“梭伦改革”。参见第一卷第二十二章第五十七节和第二卷第二十三章第五十九节、第二十五章第六十四节、第二十六章第六十五节。

塔克文，详见“卢修斯·塔克文·普里斯库斯”和“卢修斯·塔克文·苏佩布”词条。

泰勒斯（约公元前624年—公元前547年或公元前546年），古希腊思想家、科学家、哲学家，誉为“科学和哲学之祖”、古希腊七贤之一。参见第二卷第十一章第二十六节。

泰伦斯（约公元前195年—公元前159年），古罗马著名戏剧家，生于迦太基，著有《婆母》《两兄弟》《安德罗斯妇人》《宦官》《自虐者》《福尔米欧》等六部喜剧作品。参见第一卷第十二章第三十三节。

泰坦，又译“提坦”，系古希腊神话中曾统治世界的古老神族，系天穹之神乌拉诺斯和大地女神盖娅的子女。他们反对宙斯等众神，欲把宙斯等众神扔进地渊，但最终被宙斯等众神打败并被关进地渊。参见第三卷第二章第五节。

忒休斯，又译“提修斯”等，传说中的雅典国王。根据传说，在忒休斯执政前，阿提卡地区居民大多数居于雅典周围的小镇和村庄。忒修斯把阿提卡地区的居民全部集中在城里，建成统一的雅典城邦。参见第二卷第二章第五节。

特里西皮提努斯，卢克蕾媞娅之父。据历史学家考证，系第一任罗马执政官选举的主持人，于公元前509年替补执政官职务。参见第二卷第四章第十节。

特米斯托克利（公元前524年—公元前460年），遭放逐的古雅典著名政治人物。参见第三卷第十一章第二十六节。

提贝留斯·克伦卡尼乌斯（？—公元前241年），公元前279

年任罗马执政官，公元前 254 年任罗马第一位平民大祭司，第一位公开讲授罗马市民法的法学家。参见第二卷第二十一章第五十三节。

提比略·格拉古（公元前 168 年—公元前 133 年），古罗马政治家，平民派领袖，与其弟盖约·格拉古合称为“格拉古兄弟”。剥夺元老特权，发起土地改革，触动包括元老在内的贵族利益，再加上身为保民官的同僚马尔库斯·奥克塔维乌斯反对，公元前 133 年再次竞选保民官时被活活打死。参见第三卷第九章第二十节、第十一章第二十六节。

提谟修斯（公元前 5 世纪左右），古希腊政治家、军事家。在对斯巴达的战争中任司令官，打败斯巴达，使雅典在第二次雅典同盟中居于盟主地位。据传，他给七弦琴竖琴增加了 4 根琴弦。参见第二卷第十五章第三十九节。

提图斯·庞波尼乌斯·阿提库斯（公元前 110 年？—公元前 32 年），富有的罗马骑士，信奉伊壁鸠鲁学派。长期客居希腊阿提卡地区的雅典，绰号“阿提库斯”即“阿提卡人”之意，西塞罗挚友。公元前 90 年，西塞罗在罗马跟随斯凯沃拉学习法律时，结识了同样跟随斯凯沃拉学习法律的阿提库斯，此后成为终生挚友。也有一说认为，公元前 79 年，西塞罗前往希腊逗留半年期间，才结识阿提库斯。西塞罗在《论法律》中设定的对话人物。

图贝尔图斯，似指普布利乌斯·波斯图弥乌斯·图贝尔图斯，公元前 505 年、公元前 503 年任罗马执政官。参见第二卷第二十三章第五十八节。

维诺尼乌斯（生卒不详），古罗马早期历史学家。参见第一卷第二章第六节。

维斯塔贞女，系古罗马侍奉圣火维斯塔女神庙宇的女祭司。

维斯塔女神,系古罗马的灶神、家庭女神。有 6 位处女祭司守护维斯塔女神庙宇,她们轮流守卫,保护火焰不熄。根据传说,只要维斯塔火焰不熄灭,罗马就能够永葆风调雨顺。“维斯塔”,源自希腊语“赫斯提亚”。赫斯提亚,意为“炉”或者“炉边”,是古希腊神话中的灶神、家庭女神和圣火女神。

西庇阿,详见“普布利乌斯·科尔内利乌斯·西庇阿·埃米利安努斯”“普布利乌斯·科尔内利乌斯·西庇阿”“普布利乌斯·科尔内利乌斯·西庇阿·纳西卡·塞拉皮奥”词条。

西蒙(公元前 510 年—公元前 450 年),遭放逐的古雅典著名政治人物。参见第三卷第十一章第二十六节。

西塞罗,本书作者,详见“译者序:浅谈西塞罗的成就及其《论法律》的价值”“西塞罗生平大事年表”。

西塞纳(约公元前 120 年—公元前 67 年),又译“锡塞纳”,公元前 78 年担任裁判官,撰写过至苏拉去世为止的罗马内战史。参见第一卷第二章第七节。

希俄斯岛的狄奥庞普斯(约公元前 380 年—?),又译“特奥旁普斯”“特奥蓬波斯”“泰奥彭波斯”等,称“希俄斯岛的狄奥庞普斯”是为有别于斯巴达统治者狄奥庞普斯。古希腊历史学家,撰有 12 卷本《希腊史》、58 卷本《腓力史》等。参见第一卷第一章第五节。

希罗多德(公元前 484 年? —公元前 425 年),古希腊历史学家、作家,撰有收集了诸多传说的《历史》即《希腊波斯战争史》一书。其“历史之父”称誉,源自西塞罗。参见第一卷第一章第五节。

小加图,详见“马尔库斯·波尔基乌斯·加图(公元前 95 年—公元前 46 年)”词条。

小塔克文，详见“卢修斯·塔克文·苏佩布”词条。

小西庇阿，详见“普布利乌斯·科尔内利乌斯·西庇阿·埃米利安努斯”词条。

薛西斯一世（约公元前519年—公元前465年），又译“泽克西斯一世”“泽尔士一世”等，波斯帝国皇帝（公元前485年—公元前465年）。希罗多德《历史》记载：公元前480年，薛西斯率波斯大军占领雅典，“杀死了所有雅典人，接着洗劫了神庙，然后焚烧了整个卫城”。参见第二卷第十一章第二十六节。

亚里士多德（公元前384年—公元前322年），集大成的古希腊哲学家、百科全书式的科学家、教育家、动物学奠基人。柏拉图的学生，亚历山大的老师。在雅典学园期间，柏拉图称他是“学园之灵”。在柏拉图去世2年后，离开雅典学园。公元前335年，在雅典举办吕克昂学园即亚里士多德学园。参见第一卷第十三章第三十八节、第二十一章第五十五节和第三卷第六章第十四节。

亚历山大（公元前356年—公元前323年），马其顿王国（亚历山大帝国）国王（在位时间：公元前336年—公元前323年），师从亚里士多德，世界杰出军事家、政治家。公元前335年统一古希腊。公元前334年起率军东侵，在13年内征服了约500万平方公里领土，建立起西起希腊、马其顿，东至印度河流域，南临尼罗河第一瀑布，北至锡尔河的当时领土面积最大的马其顿大帝国。参见第二卷第十六章第四十一节。

伊阿科斯，对应古罗马神祇巴科斯，与祭神秘仪关联紧密。欧摩尔皮斯家族主持对伊阿科斯的祭祀，由妇女在夜间进行。参见第二卷第十四章第三十五节。

伊壁鸠鲁（公元前341年—公元前270年），伊壁鸠鲁学派创始人，古希腊唯物主义者和无神论哲学家。宣扬人死魂灭，提倡寻求幸福快乐，但并非肉欲物质之乐，而是排除情感困扰后的心灵宁静之乐，即"神不足惧、死不必忧、良善可得、逆来顺受"。伊壁鸠鲁的社会契约说，是近代社会契约论的直接先驱；他的伦理思想，对边沁、密尔等的功利主义思想具有重要影响。参见第一卷第七章第二十一节、第十三章第三十九节、第十五章第四十二节。

扎勒科斯（公元前7世纪?），又译"扎卡拉斯""札留库斯"等，古希腊殖民地城邦意大利南部洛克瑞斯立法者，制定了古希腊第一部法典。该法典规定，通奸者应剜除双目。后来，其儿子犯此罪。扎勒科斯面对民众，自剜一眼，其儿子听令也自剜一眼。文艺复兴时期雕刻家让·古戎以此创造的"扎勒科斯审判"或者"自剜双目"雕塑，如今置于卢浮宫内。其"人之将死，愧疚自身所为不公正之事"的话语，颇有《论语》"鸟之将死，其鸣也哀；人之将死，其言也善"之味。参见第一卷第二十二章第五十七节和第二卷第六章第十四节、第十五节。

芝诺（公元前334年—公元前262年），又称"塞浦路斯人芝诺"，斯多葛学派创始人，古希腊哲学家，自然法理论的奠基者。参见第一卷第十三章第三十八节、第二十章第五十三节与第五十四节和第二十一章第五十五节。

朱庇特，古罗马众神之王，对应古希腊众神之王宙斯。参见第一卷第一章第二节，第二卷第三章第七节、第四章第十节、第八章第二十一节、第十一章第二十八节，第三卷第十九章第四十三节。

朱诺，罗马神话里的天后，朱庇特之妻，集美貌、温柔、慈爱于一身，对应希腊神话中的赫拉。参见第二卷第十六章第四十一节。

附录二

西塞罗生平大事年表

时间	事件
公元前 106 年	1 月 3 日，马尔库斯·图利乌斯·西塞罗出生于阿尔皮奴姆。
公元前 102 年	西塞罗弟弟昆图斯出生。
公元前 93 年	西塞罗到罗马学习语言、法律、修辞学和哲学等。
公元前 91 年	西塞罗撰写《马略》长诗、《论取材》等。
公元前 90 年	西塞罗短暂从军参加同盟者战争，大约公元前 89 年退役从事律师职业。
公元前 88 年	苏拉率军进攻罗马，马略逃亡，而后苏拉率军东征本都的米特拉达提。
公元前 87 年	马略率军进攻罗马，西塞罗向到访罗马的菲洛学习哲学等。
公元前 86 年	马略因病去世，西塞罗将阿拉托斯《天象》长诗译为拉丁文。
公元前 83 年	苏拉率军返回罗马，肃清马略残余势力，自任终身独裁官。

续表

时间	事件
公元前 81 年	西塞罗代理昆克提乌斯案,发表《为昆克提乌斯辩护辞》。
公元前 80 年	西塞罗代理罗斯基乌斯案,发表《为罗斯基乌斯辩护辞》。
公元前 79 年	西塞罗与特伦提娅结婚,女儿图莉娅出生。
公元前 79 年	苏拉退隐。西塞罗到雅典、亚细亚和罗德岛等地学习哲学、修辞、演讲等。
公元前 78 年	苏拉去世。
公元前 77 年	西塞罗返回罗马。
公元前 75 年	西塞罗以法定最低年龄当选财务官,到西西里任职。
公元前 70 年	克拉苏和庞培担任执政官。西塞罗代理西西里人民控告前西西里总督维勒斯的贪污腐败行为。
公元前 69 年	西塞罗当选市政官。
公元前 66 年	西塞罗以法定最低年龄当选裁判官。
公元前 65 年	儿子小西塞罗出生。
公元前 64 年	西塞罗的父亲去世。
公元前 63 年	西塞罗当选执政官,挫败“喀提林阴谋”。
公元前 61 年	指证克洛狄乌斯在女神节祭祀时与恺撒妻子有染。
公元前 60 年	恺撒当选执政官,恺撒、克拉苏、庞培结成前三巨头同盟。
公元前 58 年	克洛狄乌斯当选保民官。西塞罗遭放逐,3 月远走希腊。
公元前 57 年	8 月,元老院决议召回西塞罗,9 月西塞罗返回罗马。

续表

时间	事件
公元前 55 年	西塞罗撰写《论演说家》等。克拉苏和庞培担任执政官。
公元前 54 年	西塞罗撰写《论共和国》等。
公元前 53 年	西塞罗当选占卜官。克拉苏战死。
公元前 52 年	西塞罗撰写《论法律》等,米洛杀死克洛狄乌斯。
公元前 51 年	7 月至次年 6 月,西塞罗担任基利基亚总督。
公元前 50 年	11 月,西塞罗返回意大利。
公元前 49 年	恺撒与庞培爆发内战,西塞罗在希腊加入庞培的军队。
公元前 48 年	恺撒打败庞培实行独裁,庞培在埃及被人杀死。西塞罗从伊庇鲁斯返回布狄西。
公元前 47 年	7 月,恺撒允许西塞罗返回罗马。
公元前 46 年	西塞罗撰写《布鲁图斯》等,与特伦提娅离婚,与普布里莉娅结婚、离婚。
公元前 45 年	西塞罗的女儿图莉娅去世,撰写《图斯库鲁姆论辩集》等。
公元前 44 年	恺撒自任终身独裁官,3 月 15 日遭刺杀身亡。西塞罗 9 月发表首篇《反腓力辞》,撰写《论责任》等。
公元前 43 年	4 月,西塞罗发表末篇《反腓力辞》。11 月,安东尼、雷必达、屋大维结成后三巨头同盟,将西塞罗列入国家公敌名单。12 月 7 日,西塞罗惨遭杀害。

索　　引

法学新经典·书目

《侵权损害赔偿》（第六版）	杨立新
《我国民法典重大疑难问题之研究》（第二版）	王利明
《法律解释学导论：以民法为视角》（第二版）	王利明
《法的价值论》（第三版）	卓泽渊
《法政治学研究》（第三版）	卓泽渊
《法治国家论》（第四版）	卓泽渊
《刑事诉讼的中国模式》（第三版）	陈瑞华
《刑事证据法的理论问题》（第二版）	陈瑞华
《民法典总则之理论与立法研究》（第二版）	尹 田
《中国物权法总论》（第四版）	孙宪忠
《人格权重大疑难问题研究》	王利明
《实证研究：中国法学的范式转型》	左卫民
《中国法律的传统与近代转型》（第四版）	张晋藩
《行政法基本原则研究》（第二版）	周佑勇
《传统中国法理观》	张中秋
《国际刑法学》（第二版）	贾 宇
《刑法客观主义与方法论》（第二版）	周光权
《诈骗犯罪论》	张明楷
《国际私法本体论》（第二版）	蒋新苗
《民法解释学》（第五版）	梁慧星

法学新青年·书目

《物权法的展开与反思》（第二版）	常鹏翱
《基本权利的规范建构》（增订版）	张　翔
《传媒监督的法治》	陈柏峰
《国家利益维护：国际法的力量》	何志鹏
《不动产登记法研究》（第二版）	程　啸
《证据法的理论面孔》	吴洪淇
《刑法归责原理的规范化展开》	陈　璇
《刑法与现代社会治理》	何荣功
《舆图换稿：明清之际的中国法哲学》	屠　凯
《中国特色行政复议制度的嬗变与演进》	曹　鎏
《行政诉讼类型构造论》	章志远
《侵权责任利益保护的解释论》	方新军

博观·书目

《社会契约论》	卢　梭
《法律的概念》（第三版）	哈　特
《普通法的精神》（中文修订版）	庞　德
《诉权与诉的可能性：当代民事诉讼基本问题研究》	赫尔维格
《民主与不信任：司法审查的一个理论》	约翰·哈特·伊利
《法律与革命》（第一卷）	伯尔曼
《法律与革命》（第二卷）	伯尔曼
《法律推理与法律理论》	麦考密克

《古代法》	梅　因
《旧制度与大革命》	托克维尔
《为权利而斗争》	耶　林
《法律制度：对法律理论的一种解说》	麦考密克
《政治哲学史》（第三版 上下册）	列奥·施特劳斯，约瑟夫·克罗波西
《论法的精神》	孟德斯鸠
《民事诉讼法重点讲义》（导读版）	高桥宏志
《纯粹法学说》（第二版）	凯尔森
《普通法》	霍姆斯
《论犯罪与刑罚》	贝卡里亚
《宪法设计与理性选择：公法经济分析基础》	罗伯特·D.库特
《法律的权威》（第二版）	约瑟夫·拉兹
《正确法：法伦理学基础》	卡尔·拉伦茨
《法律篇》	柏拉图
《论法律》	西塞罗

思想与人文·书目

《西窗法雨》（精装修订版）	刘　星
《法槌十七声：西方名案沉思录》（第二版）	萧　瀚
《文明与法治：寻找一条通往未来的路》	刘哲昕
《精英与平民：中国人的民主生活》	刘哲昕
《法治东西》	於兴中
《博登海默法理学》	博登海默
《法窗夜话》	穗积陈重
《正义之源泉：自然法研究》	吴经熊
《现代法政的起源：1900—1919》	董彦斌
《被误解的民主》	包刚升

《风骨：新旧时代的政法学人》	陈夏红
《斑马线上的中国》（第三版）	邓子滨
《生活在民法中》（第四版）	梁慧星
《乌合之众：大众心理研究》	古斯塔夫·勒庞
《我们律师》（修订精装版）	张思之
《我的辩词与梦想》（精装收藏版）	张思之
《法门穿行》	孙笑侠
《现代法治：沈家本的改革梦》	李贵连
《阿Q之死的标本意义》	张建伟
《续法窗夜话》	穗积陈重
《从传统到现代》	金耀基
《耶鲁精神：感受耶鲁大学及其法学院》（第二版）	冯建妹
《法律帝国的铸就：大英帝国法律史（1800-1850）》	劳伦·本顿　利萨·福特
《英国法的塑造者》	威廉·塞尔·霍尔斯沃思
《美国法律史》	劳伦斯·弗里德曼
《尊严：历史和意义》	迈克尔·罗森
《法官因何错判》	秋山贤三
《修行：生命的证悟》	泰戈尔
《看得见的正义》（第三版）	陈瑞华
《大地家族》	盖瑞·施耐德
《法律后面的故事》	梁治平
《生命与超越：一个命运共同体的理想》	刘哲昕
《霸权的黄昏：大国的衰退和收缩》	麦克唐纳　培伦特
《罪与罚：关于公正的19场激辩》	布鲁斯·N.沃勒
《民法的人文精神》（第二版）	徐国栋
《西口闲笔》	徐国栋

理论与方法·书目

《通往法治的道路：社会的多元化与权威体系》	季卫东
《现代公司法》（第三版 上下册）	刘俊海
《法治、财税与国家治理》	熊　伟
《论法学研究方法》	陈瑞华
《民法总则：条文背后的故事与难题》	杨立新
《法学学位论文写作方法》（第三版）	梁慧星
《裁判的方法》（第四版）	梁慧星
《理论法学的迷雾：以轰动案例为素材》（增订版）	桑本谦
《司法体制改革导论》	陈瑞华
《辩无不胜》	盖瑞·斯宾塞
《侵权责任法：条文背后的故事与难题》（第二版）	杨立新
《合同法总论》（第四版）	韩世远
《司法改革的知与行》	蒋惠岭
《律师的客户管理术》	亚历山大·Y.本尼科夫
《中西法律文化比较研究》（第五版）	张中秋
《真实世界的法律思维：出乎意料的61堂法律微课》	黄文伟
《并购之道：赢家的65个商业逻辑与实战 》	张伟华
《明清法律与社会变迁 》	邱澎生　何志辉
《中国民法典新规则要点》（修订版）	杨立新
《刑事审判原理论》（第三版）	陈瑞华
《实质法治：寻求行政判决的合法性》（第二版）	何海波
《企业合规基本理论》（第二版）	陈瑞华
《侵权责任法》（第四版）	杨立新
《如何讲个好故事：律师的必修课》	菲利普·N. 迈耶